25 ANOS

autêntica

FILŌ autêntica

Roberto Esposito

INSTITUIÇÃO

TRADUÇÃO E APRESENTAÇÃO Davi Pessoa

Título original: *Istituzione*

EDITORAS RESPONSÁVEIS
Rejane Dias
Cecília Martins

PROJETO GRÁFICO
Diogo Droschi

REVISÃO
Aline Sobreira

CAPA
Alberto Bittencourt
(Sobre obra de Eduardo Frota, Associações disjuntivas I: Experiência Alpendre. *Fortaleza, 2019)*

DIAGRAMAÇÃO
Waldênia Alvarenga

Dados Internacionais de Catalogação na Publicação (CIP)
(Câmara Brasileira do Livro, SP, Brasil)

Esposito, Roberto
Instituição / Roberto Esposito ; tradução e apresentação Davi Pessoa. -- Belo Horizonte: Autêntica, 2023. -- (Filô)

Título original: *Istituzione*
Bibliografia.
ISBN 978-65-5928-314-9

1. Ciências políticas 2. Estado - Filosofia 3. Política - Filosofia 4. Sociologia I. Título. II. Série.

23-163472 CDD-320.01

Índice para catálogo sistemático:
1. Política : Filosofia 320.01

Eliane de Freitas Leite - Bibliotecária - CRB 8/8415

Belo Horizonte
Rua Carlos Turner, 420
Silveira . 31140-520
Belo Horizonte . MG
Tel.: (55 31) 3465 4500

São Paulo
Av. Paulista, 2.073, Conjunto Nacional
Horsa I . Sala 309 . Bela Vista
01311-940 . São Paulo . SP
Tel.: (55 11) 3034 4468

www.grupoautentica.com.br
SAC: atendimentoleitor@grupoautentica.com.br

*Les institutions sont la garantie du gouvernement d'un
peuple libre contre la corruption des moeurs,
et la garantie du peuple et du citoyen contre
la corruption du gouvernement.*

[As instituições são a garantia do governo de um
povo livre contra a corrupção da moral,
e a garantia do povo e do cidadão contra
a corrupção governamental.]

Louis Antoine de Saint-Just

Apresentação
Vita nuova

Davi Pessoa

> *Quando uma sociedade é transformada – dizia –, permanecem na nova sociedade alguns resíduos arcaicos, irracionais, ancestrais etc.: insurge-se uma poderosa racionalidade não para reprimi-los, o que seria impossível e perigoso, mas para modificá-los: são pura energia e, como tal, impulso informe voltado à vida.*
>
> Pier Paolo Pasolini, "Luta contra o farisaísmo (que está por toda a parte)", *Vie Nuove*, 1961.

Roberto Esposito – filósofo que ensina Filosofia Teorética na Escola Normal Superior de Pisa – tem se dedicado há muitos anos ao estudo de certas categorias em torno do *impolítico*, tema central de *Categorias do impolítico*.[1] A questão em torno de certa "filologia" do *impolítico* jamais saiu de cena – arriscaria dizer – do percurso filosófico-político de Esposito.

[1] Publicado em 1988 pela editora Il Mulino, de Bolonha, e em 2019 pela Autêntica, com tradução minha. O autor também desdobra o tema em livros publicados nos anos 1990, como *Nove pensieri sulla politica* (1993) e *L'origine della politica* (1996).

Mas, antes de tudo, o que vem a ser o impolítico? Seria uma *antipolítica*?

Numa entrevista concedida a Franco Melandri e Sergio Sinigaglia, publicada em *Una Città*, em 1998, os entrevistadores ressaltam, logo no início da conversa, a radicalidade de Esposito ao pensar o impolítico não como uma antipolítica. O filósofo, então, diz-lhes:

> O tema do impolítico nasce da sensação de que as categorias do léxico político contemporâneo estão, de algum modo, exauridas e não iluminam realmente aquele âmbito do agir humano que chamamos "política". As causas de tais exaurimentos são múltiplas e têm diversas origens, mas encontram um ponto-chave de irrupção na crise dos anos 20 e 30 deste século [XX], que não por acaso é o período em que, no âmbito da filosofia, Heidegger opera a desconstrução da metafísica e Wittgenstein realiza uma tentativa similar no âmbito da linguagem científica. Naqueles anos, na obra de escritores como Hermann Broch ou Maurice Blanchot, de filósofos como Simone Weil, Georges Bataille e Hannah Arendt, de teólogos como Karl Barth, emerge uma linha de pensamento que, ainda que na extrema diversidade existente entre eles, procura tomar os conceitos e a realidade da política "pelas costas", isto é, observá-los também desde o lado que normalmente o pensamento político clássico deixa à sombra ou, de modo decisivo, esconde. Essa tentativa é justamente o que defini "impolítico", escolhendo tal termo também para marcar a diferença do que emerge desses autores em relação a outras noções, em aparência afins, como, p. ex., a antipolítica. A relação impolítica, como aliás demonstram as biografias de quase todos os autores que pesquisei, não é, com efeito, contrária à política, não é, portanto,

> antipolítica, mas é uma forma de radicalização do engajamento político no pensamento. O impolítico, em substância, é a relação intelectual que, por um lado, observa a realidade política – isto é, os conflitos de interesse, o poder – de modo muito realista, enquanto, por outro lado, não considera essa realidade mesma um valor em si, não lhe fazendo nenhuma apologia e, assim, ausentando toda teologia e filosofia da política. Em suma, o impolítico é uma maneira desconstrutiva de observar a política, uma maneira que expõe como a tradição filosófico-política, de modo geral, sempre insistiu no problema da ordem – isto é, em como ordenar a sociedade – e em qual seria o melhor regime e, assim, sempre acabou por evitar a questão de fundo da própria política, qual seja, o conflito.[2]

Seus estudos apontam um "diagnóstico" que emerge, portanto, de uma questão filológica: há um esgotamento do léxico tradicional da política e, igualmente, da filosofia política. Assim, torna-se exigência uma abertura a uma *nova significância* da linguagem filosófico-política, que, por caminhos repletos de desvios, converge conhecimentos que dizem respeito, ao mesmo tempo, à filosofia, à antropologia, à sociologia e à teologia.

As reflexões em torno da categoria do impolítico têm uma longa história. Porém, o filósofo não se limita a uma elaboração histórica de tal categoria, uma vez que busca, antes, relê-la a partir de uma rede de significantes e de significações semânticas, com o intuito de abrir novas

---

[2] ESPOSITO, Roberto. Dom e dever: entrevista com Roberto Esposito. Tradução de Vinicius Nicastro Honesko. *Cadernos de leitura*, Chão da Feira, n. 31, 2014. Disponível em: https://chaodafeira.com/catalogo/caderno31/. Acesso em: 20 jul. 2023.

possibilidades de se pensar não apenas *a política*, mas também *o político*. Desse modo, muito mais que uma tarefa de interpretação sobre a origem do termo "impolítico", Esposito nos propõe uma *leitura elíptica*, cujos pontos de insurgência remetem a uma *communitas* habitada por seres *singulares* e *divergentes*: por exemplo, de Yan Thomas a Hannah Arendt, de Eric Voegelin a Romano Guardini.

Roberto Esposito, assim, lê a contrapelo a tensão de forças entre a antipolítica e o impolítico, para justamente colocar em questão a dialética entre política e sua negação. Aliás, aqui está em jogo, como veremos, a *produtividade do negativo*, e não a afirmação da negação. Como aponta o filósofo no prefácio de *Categorias do impolítico*:

> Para o impolítico não há uma entidade, uma força, uma potência que possa contrastar a política pelo interior de sua própria linguagem. Mas tampouco pelo exterior, a partir do momento em que esse "exterior" não existe como projeção ideológica, mítica, autolegitimante, do próprio político chegado à "guerra civil" com o seu "gêmeo" antipolítico. Essa dialética – de identificação por contraste – tornou-se evidente pela semântica contrastiva do "anti". Mas vale igualmente para quem se declare também apenas apolítico. Este "a" – que assinala estranheza, indiferença, desinteresse pela política – não ganha sentido senão pela realidade da qual toma distância, que é ainda e sempre política. Talvez da despolitização, como é aquela que desde algumas décadas – mas se poderia dizer de outro modo: há alguns séculos – a modernização produz na modalidade da imunização de toda forma de comunidade.[3]

---

[3] ESPOSITO, Roberto. *Categorias do impolítico*. Tradução de Davi Pessoa. Belo Horizonte: Autêntica, 2019. p. 13-14.

Esposito pensa a democracia a partir de um campo tensional de *forças díspares* e *dinâmicas*. A comunidade que a *institui* põe em crise a forma estável do sujeito na medida em que toda comunidade se transforma mediante subjetividades em constante processo de mutação, cuja *linguagem do real* tem a ver com o *impróprio*, visto que jamais é plenamente realizada. No entanto, mesmo assim, ela, a linguagem, em sua enunciação, sempre remete a enunciados do passado, já que também habitamos em nosso presente espaços que nos precedem. A comunidade, então, não é uma *forma estática*, mas muito mais uma *força dinâmica*. O impolítico, além disso, jamais se esquiva do conflito político, não nega a política como conflito, mas a pensa como espaço no qual a linguagem sempre dá a ler e a ver o *dissenso*. A antipolítica, por um lado, coincide com a política a partir de sua negação, enquanto o impolítico, por outro, jamais nega a antipolítica. O impolítico, portanto, não prega o fim da política, pois isso seria uma maneira de consagrar uma espécie de *ontologia apolítica*.

Ativar categorias provenientes do impolítico também diz respeito a um exercício de tradução, ou melhor, de *traduzibilidade*. Italo Calvino defendia a tese de que "traduzir é o verdadeiro modo de ler um texto". Roberto Esposito parece nos apontar um diferimento, a saber: que a tradução é uma força singular de leitura. A tônica, portanto, não se encontra no verdadeiro, mas na singularidade da leitura, na traduzibilidade das categorias, visto que não são rígidas e imóveis. Desse modo, a traduzibilidade de "impolítico", ou, no caso deste livro, de "*instituição*", abre espaço para que *novas vidas possam ser instituídas*.

Esposito, em *Instituição* – texto escrito durante a pandemia e movido pelos impasses e pelas angústias de um presente mortífero –, rearma mais uma vez a relação entre vida e instituição, e o faz a partir de uma comunidade heterogênea, estudada e mobilizada dentro de algumas instituições. Nelas habitam, por exemplo, Maquiavel, Espinosa e Hegel, entre os "clássicos". Esposito os convoca para reler o lema latino "*vitam instituere*", "que delineia, ao mesmo tempo, o caráter vital das instituições e o poder instituinte da vida". Esposito ainda nos relembra que "foi Hannah Arendt quem disse que os seres humanos jamais cessam de começar algo novo, porque, vindos ao mundo no ato do nascimento, são eles mesmos um início" (p. 25). O lema latino, assim, é um ponto de insurgência que se faz presente em muitos momentos da filosofia moderna, como em Maquiavel, que não deixa de perceber que a política é uma *energia instituinte*; em Espinosa, que, por sua vez, aponta que a vida como ato relacional é instituída pela força do imaginário social; e em Hegel, que, a seu modo, pensa a dialética como aquela capaz de manifestar a *potência instituinte*, ou seja, como a relação entre sociedade e Estado se dá na dinâmica das instituições. E tal lema é recolocado em cena por Esposito para deslocá-lo e reanimá-lo no presente, movido não só pelo desejo de confrontar e problematizar as formas de vida controladas pela *biopolítica*, vidas já esgotadas pelos diversos dispositivos biopolíticos, mas também pelo desejo de instituir novas formas de vida. Esse olhar bivalente – e não dicotômico – se torna vital em nossos tempos, pois, afinal:

> O que significa instituir a vida? A vida se deixa instituir? Ou é ela que penetra na esfera das instituições, regenerando-as? O que está em discussão, nessas perguntas, é evidentemente a relação entre vida e política, que vem sendo há algum tempo rubricada com o termo "biopolítica". Mas, precisamente em relação a ela, surge uma indagação que convoca o pensamento político contemporâneo. Como se relacionam – e, antes disso, são compatíveis – os paradigmas de instituição e biopolítica, ou se voltam a léxicos conceituais extremamente heterogêneos para poderem se integrar? Eu, pessoalmente, acredito que atuar em sua interseção seja não apenas possível, mas também necessário. Afinal, a atual pandemia, que representa inevitavelmente o pano de fundo de tais reflexões, convoca-nos à necessidade desse olhar bivalente (p. 109).

Portanto, a partir do lema "*vitam instituere*", forças dinâmicas são ativadas, isto é, movimentos em direção ao aberto, para que desativemos a compreensão de serem as instituições espaços fechados, imóveis e cooptados por figurações de poder inatingíveis, que tomam posse delas para exercerem, por meio da multiplicação excessiva de normas e regras, o domínio sobre a vida, tornando-se esta sempre mais distante da política. Tal compreensão de encarceramento e imobilidade ainda conserva, além disso, a imagem de instituições controladas pelo poder divino, por um lado, e pelo poder do Leviatã, por outro. Esposito tenta desativar esse pensamento dicotômico a partir de uma comunidade heterogênea, composta de sociólogos franceses, antropólogos alemães e juristas institucionalistas romanos, de Marcel Mauss, Maurice Merleau Ponty a Santi Romano e Cesarini Sforza, com o objetivo de desfazer os limites disciplinares típicos do ordenamento jurídico estatal, cujos pressupostos e regras se impõem como universais. Nesse sentido, se o Estado não sai de cena – e é importante que não saia de cena –, ele tem, hoje, dificuldade de se impor como protagonista da encenação, uma vez que é confrontado por outras instituições, como organizações internacionais e ONGs. Como ele argumenta:

> Nos vazios jurídicos abertos pelos mercados financeiros então se inseriram organizações de outro tipo, não apenas externas aos Estados, mas também em concorrência aberta com eles, como as ONGs, sem fins lucrativos e voltadas a fins humanitários em geral, que constituem, aliás, um dos experimentos mais interessantes de uma práxis instituinte inovadora. Embora sejam formalmente organizações privadas, elas buscam finalidades públicas, submetendo as normas escritas a instâncias, necessidades e demandas irredutíveis à linguagem, por vezes enrijecida, dos órgãos estatais. Colocadas no cruzamento entre direito, ética e política, as ONGs não respondem, muitas vezes forçando-as, às leis dos Estados e se referem muito mais a uma espécie de sociedade civil global, indefinível em termos de direito, mas de fato operante em situações de emergências, como guerra, migração, fome e epidemia (p. 90).

Esposito, então, ajuda-nos a pensar na *produtividade do negativo*, para que não sejamos capturados por "instituições enrijecidas em uma objetividade sem alma". E ainda: propõe reativar uma potência dialética que seja capaz de transformar o destino fatídico e melancólico ao qual o pensamento sobre a instituição está fadado em nossos tempos. Como ele aponta: "Todo o debate filosófico-político do século XX tende a se separar em polaridades alternativas incapazes de dialogarem entre si" (p. 70). Ou seja, por um lado, a imobilidade institucional, por outro, a rejeição a instituições que operam por outros caminhos que não sejam aqueles *rigorosamente* ordenados pelo Estado, como sujeito soberano que institui, cada vez mais, o estado de exceção como regra. Portanto, é possível pensar o negativo de forma afirmativa? Se o pensamento da instituição se move sobre uma linha tênue na qual temos a presença de liberdade e necessidade, sujeito e objeto, interior e exterior, então essa linha, de acordo com a proposição de Esposito,

> deve ser entendida como o limite que os divide ou como a margem que os une? É uma barreira de separação ou o eixo em torno do qual gira a práxis institucional? Em suma, o negativo inerente à instituição é o que a condena à repetição ou o motor que permite sua transformação? (p. 72).

O filósofo, para pensar tais questões, põe em cena a antropologia filosófica de Arnold Gehlen – que subestima a presença do negativo, cuja leitura se concentra na instituição como uma espécie de "prótese técnica originada pela falta da natureza humana" e como "fruto de um determinado desenvolvimento histórico" (relembra-nos, por exemplo, o embate entre Adorno e Gehlen) – e a posição de Gilles Deleuze, nos anos 1950, quando reconhecia "no negativo uma potência afirmativa voltada a favorecer seu desenvolvimento".

A partir desse conflito, Esposito problematiza a concepção de que as instituições são uma sorte de imagem refletida do Estado, isto é, como se não houvesse a possibilidade de existência de instituições que não sejam obrigatoriamente coincidentes com o Estado, com a soberania estatal. Numa via de diferimento, insurgem-se ao longo do livro pensadores e juristas institucionalistas tais como Santi Romano, Widar Cesarini Sforza, Costantino Mortati e Maurice Hauriou. Romano, por exemplo, em *L'ordinamento giuridico*, publicado em 1918, sustenta que mesmo uma organização de formação revolucionária deve ser considerada uma instituição.

Numa entrevista concedida a Marco Dotti, em março de 2021, o entrevistador pergunta a Esposito como podemos entender a expressão "instituir a vida", uma vez que a vida já "está instituída". O filósofo lhe diz:

> É claro que a vida sempre foi instituída, no sentido de que sempre é formada, mesmo em situação de pobreza absoluta. Historicamente, nunca houve uma vida humana perfeitamente "nua", pura e simplesmente biológica. Já o ato do nascimento – dar vida a uma nova vida – é um ato instituinte, que dá origem a algo que antes não existia. Mas essa vida originária é então instituída uma segunda vez, a partir da linguagem, que pode ser considerada a primeira das instituições, porque pressupõe todas as outras.[4]

Eis o *punctum* do qual partimos: a linguagem. Esposito é um filósofo-filólogo inquieto, pois se mostra

---

[4] DOTTI, Marco. Il potere istituente della vita: i corpi intermedi come istituzioni. *In: Vita*, 8 mar. 2021. Disponível em: https://bit.ly/3QaRGym.

consciente de que o gesto filológico dá a ler a tensão presente entre *philos*, *philía* e *logos*. O que está em jogo não é apenas a *Erlebnis* (vivência), mas também a *Erfahrung* (experiência). Portanto, como observava Walter Benjamin (lendo a dicotomia memória-consciência, de Freud) na VI Tese sobre o conceito de História: "Articular historicamente o passado não significa reconhecê-lo 'tal como ele foi'. Significa apoderarmo-nos de uma recordação quando ela surge como um clarão num momento de perigo".[5] O momento crítico e de perigo, além disso, está na base de toda leitura. O filólogo, como o mais radical entre todos os amantes das palavras, vive a tensão entre ser linguagem e nela habitar, sem necessariamente ser movido por uma pretensão de compreensão totalizante, tendo em vista que a filologia é o habitar da linguagem na própria linguagem. Nesse sentido, em vez da referencialidade, temos a singularidade da leitura, que jamais se esgota num único gesto, pois o gesto de leitura não se finda no alcance de uma única interpretação.

O filósofo, filólogo e tradutor alemão Werner Hamacher, em *Para – a Filologia / 95 teses sobre a filologia*, relembra-nos um paciente de Freud, o senhor E., que sofre um ataque de pânico quando criança ao tentar capturar um besouro preto, *Käfer* (em alemão), e que a interpretação daquele acontecimento sempre foi muito obscura para o paciente. Freud relata que a interpretação do ataque perturbador foi compartilhada

---

[5] BENJAMIN, Walter. Sobre o conceito da história. *In: O anjo da história*. Tradução de João Barrento. Belo Horizonte: Autêntica, 2012, p. 11.

novamente pelo senhor E., no encontro seguinte, mas agora desloca a atenção da representação do besouro para a significância da própria palavra, desdobrando-a a partir de uma pergunta: "*Que faire?*". Hamacher argumenta que a interpretação para o psicanalista e filólogo Freud não é a tradução de uma palavra à representação da coisa ligada a ela, mas sua transposição. A pergunta, em francês, idioma que o paciente aprendeu em contato com seu primeiro amor, a governanta de sua casa, não é algo desprezível. Hamacher acentua precisamente a *transposição de significação*, ou *remoção de significado*, de um ataque (*Anfall*) para uma incidência (*Einfall*). "O pânico por sua articulação; o animal ou o nome do animal (*Käfer*) por uma pergunta "*Que faire?*".[6] Desse modo, o que está em questão, para Werner Hamacher, não é o caminho em direção a um significado mediante a interpretação, mas "o caminho – tese 76 – até a repetição de uma linguagem ou até o ato de escavar na linguagem o que se mantém encoberto por outra linguagem". Do gesto de escavar emerge "a língua da primeira amante, a linguagem amada".[7] A filologia, assim, põe em movimento a repetição, na qual a amada permite a pergunta "*Que faire?*". Portanto, se é verdade que há sempre um impasse que nos é posto pela linguagem quando lidamos com o significante "instituição", então nos cabe desativar o significado que se quer perdurar em nosso tempo como uma coisa

---

[6] HAMACHER, Werner. *Para – la Filología / 95 tesis sobre la filología*. Traducción de Laura S. Cangati. Buenos Aires: Miño y Dávila, 2011. p. 59.

[7] HAMACHER. *Para – la Filología / 95 tesis sobre la filología*, p. 20.

imóvel, inerente e circunscrito ao poder soberano, para colocar em movimento uma significância aberta de instituição, como força vital. Contra a lógica perversa da soberania do Estado, o verso de Drummond nos convoca: "o apartamento abria janelas para o mundo / [...] amor sem uso".

Pier Paolo Pasolini sempre questionou as vidas que habitam as instituições, como a família, a escola, a Igreja Católica. Esta última, nas palavras de Pasolini, "é uma instituição fria, árida, corrupta e ignorante".[8] O poeta critica o comportamento dos católicos que fazem da religião "uma instituição pura e simples" e não se colocam, na verdade, à escuta do outro, pois, como ele aponta: "o primeiro ensinamento da caridade é escutar atenta e generosamente as razões dos outros". Em vez disso, "não lutam por uma religião, que está intimamente em renovação contínua e dramática, mas por uma instituição, que é aquela que é imóvel, monumental, sem vida".[9] Pasolini publica em *Paese Sera*, em 1969, o poema "Per un Viet onorario", que ressurge transformado em *Trasumanar e organizzar*,[10] em 1971, com o título "Egli o tu", no qual se faz presente o tema do poder e das instituições, tendo como "figura heroica" Bobby Kennedy, que assume a presidência dos Estados Unidos após a morte do irmão John, em 22 de novembro de 1963. Bobby, como pensa Pasolini, é o *paradoxo*

---

[8] PASOLINI, Pier Paolo. *Le belle bandiere*. Milano: Garzanti, 2021. p. 135.

[9] PASOLINI. *Le belle bandiere*, p. 134.

[10] PASOLINI, Pier Paolo. *Trasumanar e organizzar*. Milano: Garzanti, 1971.

da inatualidade: "Apenas porque é cúmplice da vida, / que é tanto frágil como imensa, / *e não cúmplice do poder,* na realidade: qualquer poder, compreendo, / o poder da guerra, o poder de Johnson, / o poder democrático, o poder da paz". Ao tema das instituições ele retorna, em 1968, no poema "L'enigma di Pio XII", também presente no livro de 1971. Cito um fragmento:

> [...]
> Mas agora façamos algumas profecias
>
> Belas almas do caralho, pelo que mais morrerão
> os dois irmãos Kennedy, se não
> por uma *instituição*? E para que mais, exceto por uma *instituição*,
> morrerão os pequenos e sublimes Vietcongues?
> Porque as instituições são comoventes: e os homens
> não sabem se reconhecer senão nelas.
> São elas que humildemente os tornam irmãos.
> Há alguma coisa tão misteriosa nas instituições
> – única forma de vida e simples modelo para a humanidade –
> que o mistério de um indivíduo, em comparação, não é nada.

O percurso trilhado por Roberto Esposito em *Instituição* – entre *Pensiero istituente: tre paradigmi di ontologia politica* (2020) e *Vitam instituere: genealogia dell'istituzione* (2023) – busca, sobretudo, abrir um paradigma que possa pensar e pôr em ação, ao mesmo tempo, instituição e vida, com o intuito de confrontar uma *dupla exigência*, interna e externa, em cujo cruzamento se encontra a figura do negativo, ou melhor, a dificuldade de tratar o negativo, visto que ainda é muito marcado por uma *afirmação absoluta* e por uma *ontologização inequívoca*.

Se "as instituições são comoventes" e nós não sabemos nos reconhecer senão nelas e a partir delas, então somos nós que podemos instituir, ainda, novas formas de vida e, consequentemente, novas instituições, para que não sejamos, por um lado, capturados e solapados pela ação reacionária da extrema direita, que tem por meta atacar as instituições, e, por outro, para que não sejamos acometidos por certa *melancolia de esquerda*, que por vezes tem dificuldade de encontrar linhas de fuga.

Não há política sem conflitos e instituições, mas estas não são apenas lugares em que se faz política, também são espaços que produzem, *singularmente*, um *pensamento* e uma *política instituinte de "vita nuova"*. Como nos alerta Esposito: instituição é *energia*.

Referências

BENJAMIN, Walter. Sobre o conceito da história. *In: O anjo da história*. Tradução de João Barrento. Belo Horizonte: Autêntica, 2012.

DOTTI, Marco. Il potere istituente della vita: i corpi intermedi come istituzioni. *In: Vita*, 8 mar. 2021. Disponível em: https://bit.ly/3QaRGym.

ESPOSITO, Roberto. *Categorias do impolítico*. Tradução de Davi Pessoa. Belo Horizonte: Autêntica, 2019.

ESPOSITO, Roberto. Dom e dever: entrevista com Roberto Esposito. Tradução de Vinicius Nicastro Honesko. *Cadernos de Leitura*, Chão da Feira, n. 31, 2014. Disponível em: https://chaodafeira.com/catalogo/caderno31/. Acesso em: 20 jul. 2023.

HAMACHER, Werner. *Para – la Filología / 95 tesis sobre la filología*. Traducción de Laura S. Cangati. Buenos Aires: Miño y Dávila, 2011.

PASOLINI, Pier Paolo. *Le belle bandiere*. Milano: Garzanti, 2021.

PASOLINI, Pier Paolo. *Trasumanar e organizzar*. Milano: Garzanti, 1971.

Em forma de prólogo

"Vitam instituere"

Em um lugar remoto, mas crucial, de nossa tradição, o lema vitam instituere – que a cultura humanística vinculou ao texto de um jurista romano, Marciano – apresenta uma questão sem resposta. Em seu centro encontra-se a relação enigmática entre instituição e vida humana. Devemos resistir à tentação recorrente de considerá-las duas polaridades divergentes, destinadas a se encontrarem apenas em determinado momento, ou a se chocarem. E reconhecê-las, antes, como os dois lados de uma única figura que delineia, ao mesmo tempo, o carÁter vital das instituições e o poder instituinte da vida. O que mais é, afinal, a vida, senão contínua instituição, capacidade de se regenerar ao longo de caminhos novos e inexplorados? Nesse sentido, foi Hannah Arendt quem disse que os seres humanos jamais cessam de começar algo novo, porque, vindos ao mundo no ato do nascimento, são eles mesmos um início.

Esse primeiro começo foi seguido por outro, constituído pela faculdade da linguagem, que podemos considerar como um segundo nascimento. Foi dele que se originou a cidade, a vida política que abriu o horizonte da história, sem jamais cortar o fio que a liga à sua própria raiz biológica. Por mais diferente que seja dela, o regime do *nomos* jamais se separou da *bíos*. Aliás, a relação entre eles passou a ser cada vez mais estreita, tanto que hoje se tornou impossível falar de "política" fora da referência à vida. As instituições estão no centro dessa passagem. Elas formam a ponte através da qual o direito e a política moldam as diferentes sociedades, diferenciando-as e articulando-as.

Portanto, não é possível, para os homens, mesmo nas circunstâncias mais dramáticas, deixar de instituir a vida, de redefinir seus contornos e objetivos, contrastes e ocasiões. Uma vez que é a própria vida que os instituiu, colocando-os em um mundo comum que os torna uma unidade com símbolos que de tempos em tempos o expressam. Essa dimensão simbólica, que plasma as instituições não menos quanto é plasmada por elas, não é algo que se acrescenta à vida humana a partir do exterior, mas que a torna tal como é, distinguindo-a de qualquer outro tipo de vida.

Nenhuma vida humana é redutível à pura sobrevivência, à "vida nua", segundo a célebre expressão de Walter Benjamin. Sempre há um ponto em que ela se projeta para além das necessidades primárias, acessando a esfera dos desejos e das escolhas, das paixões e dos projetos. Sendo desde sempre instituída, a vida humana jamais coincide com a simples matéria biológica, mesmo quando é esmagada pela natureza, ou pela história, em sua camada mais dura. Mesmo nesse caso, desde quando é tal, a vida revela um modo de ser que, por mais deformado, violado e pisoteado que seja, resta aquilo que é:

uma forma de vida. Quem lhe confere essa qualificação é seu pertencimento a um contexto histórico feito de relações sociais, políticas e culturais. O que desde o início nos institui, e que instituímos continuamente, é a rede de relações na qual o que fazemos adquire importância para nós, mas também para os outros.

Naturalmente sob a condição de permanecer viva. Para poder se desenvolver, a vida relacional pressupõe a manutenção da vida biológica, a possibilidade de sobrevivência. Não há nenhuma ênfase reducionista no termo "sobrevivência", tão presente nos medos e nas esperanças de nossa época, mas profundamente impresso em toda a história do homem. A questão da *conservatio vitae* está no coração da grande cultura clássica e moderna. E ecoa no chamado cristão à sacralidade da vida, assim como na filosofia política inaugurada por Hobbes, até tocar nos nervos expostos da biopolítica contemporânea. Manter-se vivo é a primeira tarefa para a qual os homens de todas as sociedades foram chamados em um desafio nem sempre vencido e, pelo contrário, quase sempre perdido, que, às vezes, renova-se com violência inesperada.

Essa defesa precede todas as outras opções, é sua condição e seu pressuposto. Mas, após a primeira vida, junto a ela, também devemos defender a segunda, a vida instituída e capaz de instituir. Por isso, para restarmos vivos, não podemos desistir da outra vida, da vida com os outros, à qual se liga o sentido mais intenso da *communitas*. Isso vale para o plano horizontal da sociedade e para a linha vertical das gerações. Dever primário das instituições não é apenas permitir a um conjunto social a convivência em determinado território, mas também assegurar a continuidade na mudança, prolongando a vida dos pais na dos filhos. Também a essa necessidade é conduzido o sentido da *institutio vitae.* Ainda antes que ao seu uso funcional, as instituições respondem à necessidade dos homens de projetar alguma coisa de si mesmos para além da própria vida – da própria morte –, prolongando, por assim dizer, o primeiro nascimento no segundo.

I

O eclipse

Através da pandemia

É essa profunda trama que a pandemia pelo coronavírus arriscou romper com uma violência inesperada. Sobre sua fenomenologia, muita coisa foi escrita, com intenções e argumentos que não convém aqui retomarmos. A atenção deve ser direcionada à relação entre a emergência do vírus e a resposta das instituições. Se conseguirmos erguer nosso olhar das feridas profundíssimas que a pandemia imprimiu no corpo do mundo, a tarefa que agora se coloca é a de instituir novamente a vida, ou, mais ambiciosamente, de instituir uma nova vida. É uma urgência que precede qualquer outra necessidade de tipo econômico, social e político, porque constitui o horizonte, material e simbólico, a partir do qual todas as outras fazem sentido. Depois de ter sido desafiada por meses, e por vezes dominada pela morte, a vida parece reclamar um princípio instituinte capaz de lhe restituir intensidade e vigor.

Mas não é possível fazê-lo sem antes colocar uma pergunta fundamental sobre o modo como, particularmente na Itália, as instituições responderam ao desafio do vírus. Para manter equilíbrio no julgamento, é preciso ter cuidado com generalizações, distinguindo e articulando diferentes níveis de discurso. Certamente, no esforço de conter o mal, por parte de instituições regionais, nacionais e internacionais, os aspectos negativos não faltaram, tanto que se pode até mesmo sustentar que em certos momentos prevaleceram. Não é possível esquecer as inadequações, as insuficiências e os atrasos que caracterizaram as primeiras intervenções, produzindo, muitas vezes, danos irreparáveis não apenas no âmbito social, mas também, sobretudo em algumas áreas, no âmbito da saúde. A tal déficit de determinação se soma, por vezes, um excesso de invasão nas formas de vida individuais, mesmo quando isso não era indispensável, com custos políticos, econômicos e sociais muito relevantes. O deslocamento de fronteiras entre o legislativo e o executivo, em favor do segundo, determinado pelo uso, nem sempre necessário e por vezes arbitrário, do decreto de emergência chegou, em alguns momentos, a ameaçar a estabilidade democrática de sistemas políticos emergentes afetados com a tentativa, inevitavelmente fracassada, de perseguir e igualar a eficácia dos procedimentos mais drásticos ativados por regimes autoritários. Na segunda onda da pandemia, erros de cálculo e violações se tornaram ainda mais evidentes, e só nos próximos anos poderemos medir seus efeitos. Sem falar do número assustador de vítimas, superior ao dos países europeus comparáveis ao nosso país.

Dito isso, é importante nos questionarmos sobre o papel das instituições em termos inversos: como teríamos resistido ao ataque do vírus sem elas? O que aconteceria, aqui e em outros lugares, se faltasse um quadro institucional com base no qual direcionar nossos comportamentos? Visto desse ponto de vista, temos de reconhecer que a contribuição das instituições se mostrou, por bastante tempo, o único recurso disponível. Não estou me referindo apenas às administrações regionais e nacionais, mas também a todas as instituições presentes nos territórios atacados pelo vírus – das organizações sociais às ordens profissionais, às associações não governamentais – que formaram a última linha de resistência contra a pandemia. Se o vírus não passou todos os limites, espalhando-se imperturbavelmente, isso se deve essencialmente a elas.

Claro, como já foi dito, agiu-se em estado de emergência e, portanto, mesmo que os dois conceitos não sejam sobreponíveis, em estado de exceção em relação à normalidade institucional. No entanto, tratou-se de um estado – não prorrogável definitivamente – mais tarde legitimado pelo Parlamento. E, sobretudo, provocado não por uma vontade soberana de estender o controle sobre nossas vidas, mas por um misto de necessidade e contingência completamente imprevisível e muito diferente de um projeto que visa à subserviência da população. Como é do conhecimento dos juristas, entre as fontes primárias do direito, juntamente à tradição e à lei escrita, encontra-se a necessidade. É evidente o papel que, no caso em questão, desempenhou uma trágica contingência, com a consequente necessidade de controlá-la. É verdade que aquilo que proclama o estado de emergência, e predispõe uma resposta a ele, também é sempre uma decisão subjetiva de quem tem a autoridade de fazê-lo. Mas, nesse caso, é difícil negar o grau de objetividade de uma história que, em sua origem e em seus efeitos, tem muito pouco de voluntário ou programado.

Da mesma forma, é inegável que, em nossos regimes intensamente biopolíticos, a saúde se tornou uma questão diretamente política na encruzilhada perturbadora entre politização da medicina e medicalização da política. Assim como é evidente que a sensibilidade para a saúde aumentou significativamente em comparação com qualquer outro tipo de sociedade precedente. Mas não creio que isso seja um mal. Que o direito à vida seja considerado o pressuposto indiscutível sobre o qual se baseiam todos os demais assinala uma conquista de civilização em relação à qual não é possível voltar atrás. De qualquer forma, o regime biopolítico atual não deve ser confundido com um sistema centrado na soberania, do qual constitui uma modificação profunda. Imaginar que nos encontramos à mercê de um poder ilimitado, destinado a dominar nossas vidas, não leva em conta o fato de que há muito tempo a centralidade da decisão explodiu em mil fragmentos, em grande parte independentes dos governos nacionais e colocados até mesmo num espaço transnacional.

Assim, pode-se dizer que na Itália as instituições em geral, e com todos os limites mencionados anteriormente, resistiram ao impacto da doença, ativando seus próprios anticorpos imunológicos. Naturalmente, sabemos que toda reação imunitária corre o risco, se intensificada para além de certo limite, de provocar uma doença autoimune. Isso acontece quando a sociedade está exposta a um excesso de dessocialização. O problema de nossos sistemas políticos é sempre encontrar um equilíbrio sustentável entre comunidade e imunidade, proteção e compressão da vida. A força, mas também a flexibilidade, das instituições se mede pela capacidade de adequar o nível de defesa à ameaça em ato, evitando tanto subestimar como ampliar sua percepção.

Nos últimos meses, as instituições foram investidas por polêmicas motivadas por perspectivas muitas vezes tão opostas que se anulam reciprocamente. Elas foram criticadas, por um lado, por excesso, por outro, por omissão de decisão. Acusadas por alguns sujeitos de limitarem ilegitimamente as liberdades individuais, e por outros julgadas como incapazes de governar com mão firme os comportamentos individuais e coletivos. Naturalmente, não pretendo colocar em dúvida a legitimidade de tais críticas nem, em mais de um caso, sua consistência. Mas não podemos perder de vista o fato de que mesmo a mais severa crítica às instituições só pode desenvolver-se no interior delas. O que são as mídias, os sites, os jornais e até mesmo a escrita e a linguagem, senão instituições? Claro, de outro tipo, se comparados às instituições políticas, e, às vezes, em contraste explícito com elas. De resto, o conflito não só não é estranho às instituições democráticas, como também um pressuposto ao seu funcionamento.

A lógica da instituição – ou melhor, daquilo que chamaremos aqui de "práxis instituinte" – implica uma tensão contínua entre interior e exterior. O que está fora das instituições, antes mesmo de se institucionalizar, também modifica a estrutura institucional anterior – desafiando-a, dilatando-a, deformando-a. A dificuldade em reconhecer essa dialética nasce de um duplo pressuposto equivocado que constitui o objetivo polêmico deste livro: por um lado, por identificar as instituições com as instituições estatais; por outro, por considerá-las em termos estáticos, de "estado", em vez de compreendê-las em devir contínuo. Quando, ao contrário, como ensinam os mestres do institucionalismo jurídico, existem instituições não apenas extraestatais, mas também antiestatais, como os protestos dotados de alguma forma de organização. Eles expressam uma energia instituinte que as instituições também deveriam manter viva para "se mobilizarem" e, de certa forma, para darem um passo além.

Instituições e movimentos

Essa dupla exigência de institucionalização e mobilização foi principalmente ofuscada entre os anos 1960-1970, quando começou a se afirmar uma rígida contraposição entre instituições e movimentos. Caso façamos um panorama por meio de uma visão geral do debate das últimas décadas, veremos o quadro dividido em duas polaridades aparentemente inconciliáveis, uma colocada em contraste radical com a outra. Por uma parte, a reproposição de um modelo conservador de instituição, refratário a toda transformação; por outra, uma proliferação de movimentos anti-institucionais irredutíveis à unidade de um projeto comum. O resultado de tal lacuna produz um deslocamento cada vez mais nítido entre política e sociedade. A uma lógica institucional fechada em si mesma, incapaz de falar com o mundo social, opôs-se um punhado de protestos diferentes, incapazes de criar um *front* politicamente incisivo.

Sintomático dessa dificuldade, ao mesmo tempo teórica e prática, é o resultado contraproducente de ambas as tendências. Enquanto o fechamento autorreferencial das instituições provocava por reação comportamentos drasticamente anti-institucionais, estes, por sua vez, produziram um maior enrijecimento das instituições. Excluído em princípio todo termo intermediário, instituições conservadoras e práticas anti-institucionais se fortaleceram reciprocamente, impossibilitando qualquer dialética política de renovação. Muito poucos souberam resistir a essa lógica binária e produziram um discurso capaz de integrar resistência institucional e mudança social.

Mesmo a formidável reflexão genealógica de Michel Foucault, aplicada à crítica dos sistemas carcerários e psiquiátricos, pressupunha basicamente uma concepção fechada e repressiva da instituição. Não por acaso "sequestro" era considerado por ele o paradigma generativo de todo dispositivo institucional. Apesar de sua incomparável potencialidade analítica, a obra de Foucault acabava por repropor, em suma, uma noção de "instituição" não muito longe daquela "total", teorizada nos mesmos anos por Irving Goffman em seu famoso livro *Asylums*. Diferentemente de Franco Basaglia – que orientava sua crítica a um tipo bem específico de instituições manicomiais, ajudando a desmontá-las –, Foucault tendia a atribuir um valor opressivo a todas as instituições. Em seu conjunto, elas representavam para ele um bloco sólido, destinado a confinar a vida dentro de espaços vigiados e rigidamente divididos, reprimindo instintos e tendências naturais.

A perspectiva de Foucault, embora riquíssima de fecundas clareiras hermenêuticas, deve ser inscrita em um quadro interpretativo amplamente compartilhado por um amplo espectro intelectual. Podemos dizer que sobre tal concepção, fechada e defensiva, de instituição convergiram nesses anos autores de direita e esquerda, embora com intenções opostas: os primeiros, para reforçá-la, os segundos, para contestá-la e, em última análise, abatê-la. Lendo, em seguida, páginas sobre a questão da instituição de autores como Sartre, Marcuse e Bourdieu, por um lado, ou como Schmitt e Gehlen, por outro, não é difícil encontrar uma convergência sutil acerca de uma interpretação estática e inibidora da instituição.

Também para os sociólogos da cultura Peter Berger e Thomas Luckmann, em outro quadro argumentativo, as instituições são dispositivos artificiais necessários para ordenar, selecionando-as, as tendências naturais. A ideia básica que inspira essas análises é que a natureza humana, entregue a si mesma, acabaria por se autodestruir. Em sua origem – ao longo de um vetor que chegará, de um lado, à esquerda radical de Herbert Marcuse e, de outro, à direita etológica de Konrad Lorenz – há a tese freudiana da civilização como inibição dos instintos primários. Para Freud, a "civilização" define o conjunto das instituições que diferenciam nossa vida daquela animal, servindo ao duplo propósito de nos proteger da natureza e de regular nossas relações com outros seres humanos.

As instituições – que em *Totem e tabu* os irmãos parricidas introjetam no lugar do pai morto – incorporam poderes, exercem comandos e impõem sanções, sem as quais a sociedade humana implodiria. Por isso, temos de nos adaptar ao "mal-estar" que a civilização traz, chegando a sacrificar parte de nossa liberdade em nome dela. Até chegar ao ponto de reconhecermos nas instituições uma espécie de pensamento automático, como escreve Mary Douglas em *Come pensam as instituições*. Embora criadas por nós, elas adquirem uma segunda natureza, mais rígida que a primeira, que exclui qualquer possibilidade de crítica. Partindo da mais forte e consolidada, constituída pelo Estado, as instituições são ao mesmo tempo o sistema de regras que governam a comunidade e o poder que força a respeitá-las.

Naturalmente, tal interpretação coercitiva das instituições determinou uma resposta radicalmente anti-institucional por parte dos que contestam sua legitimidade. Daí a progressiva consolidação de um *front* radical ainda hoje ativo. Se a instituição é por sua natureza reacionária, não resta senão combatê-la de frente, sem distinções excessivas. O conflito armado da década de 1970 foi o resultado extremo dessa perspectiva obliterada pela incapacidade de pensar simultaneamente instituições e movimentos. Seu fracasso estratégico produziu uma passagem ulterior, que, no entanto, não mudou seu teor anti-institucional. Uma vez falido o ataque frontal contra as instituições, o outro caminho que a esquerda filosófica tomou, desde o final dos anos 1990, foi o de sua desativação. É a teoria que recentemente assumiu o nome de "potência destituinte", cujas palavras de ordem, de eco heideggeriano distante, são precisamente "afastamento", "abandono" e "êxodo".

A retomada contemporânea de posições explicitamente anárquicas segue o mesmo fio de raciocínio, que substitui o chamado revolucionário pelo poder constituinte e pela evocação da potência destituinte. Mesmo que por contraste, é uma solicitação de imediatismo contra qualquer mediação institucional que os une.

O que vem a ser libertado, segundo uma visão antropológica radicalmente afirmativa, é a fluidez de uma relação social não mais filtrada pelo político. O que importa é o caráter imediato da relação. A comunidade autêntica, por tal linha de pensamento, é caracterizada não mais pelo laço social, mas por sua dissolução. Os resultados políticos, ou melhor, impolíticos, desse raciocínio estão diante de nossos olhos.

A invenção da natureza

No entanto, seria altamente redutor circunscrever a dificuldade de pensar de forma inovadora o paradigma institucional ao debate político dos últimos 50 anos. Ela tem uma origem muito mais distante, que precede a própria modernidade e remonta, em sua primeira raiz, à concepção cristã de canonistas e glosadores medievais. Embora se proclamem seus herdeiros, eles marcam uma mudança de direção real em relação ao modo como a noção de "instituição" era usada pelos juristas romanos. Estes haviam atribuído ao termo uma conotação verbal aplicada a uma vasta categoria de sujeitos. Logo que instituídos, no sentido de "nomeados" ou "ordenados", podiam se tornar administradores, procuradores, herdeiros, sacerdotes e assim por diante.

Visto de nosso ângulo, esse caráter verbal do *instituere*, em relação ao substantivo *institutio*, tem uma importância estratégica, porque dá ao conceito uma tonalidade dinâmica capaz de projetá-lo para além da dimensão estática que assumiria sucessivamente. Na riquíssima produção jurídica romana, "instituir" significava não apenas estabelecer determinadas situações, mas também produzi-las artificialmente de acordo com as exigências que se apresentavam de tempos em tempos. Foi acima de tudo o brilhante historiador do direito romano Yan Thomas que insistiu nesse ato "operativo" do próprio direito romano.[1] Seu caráter instituinte se estendeu até abraçar a própria fundação de Roma. Contudo, ainda mais curioso é o fato de que a ser instituída, isto é, usada artificialmente para fins específicos, fosse a própria noção de "natureza". Em um texto intitulado precisamente *A instituição da natureza*, Thomas reconhece uma inversão real da relação entre instituição e natureza. Em vez de ser a natureza aquilo que condiciona o direito, vinculando-o aos valores nela contidos, em Roma é o direito quem usa para seus próprios fins a noção de "natureza".

Obviamente esse procedimento pressupõe um trabalho preventivo de desnaturação do *ius*. O direito romano jamais está sujeito a princípios que transcendem sua esfera de ação. Está sempre livre para transgredi-los, como acontece com a instituição da escravidão, declarada pelos próprios juristas romanos *contra naturam*. Certamente há uma fronteira que o direito não pode cruzar. Mas se trata de uma limitação de caráter físico ou biológico: por exemplo, um pai não pode ser mais novo que o filho, como uma mulher não pode dar à luz, ao mesmo tempo, um número ilimitado de gêmeos. Enquanto, por outro lado, o incesto, possível na natureza, é proibido por lei. Em suma, não é a natureza, mas a lei

---

[1] A propósito, ver: THOMAS, Yan, *Les Opérations du droit*. Organisé par Marie-Angèle Hermitte et Paolo Napoli. Paris: EHESS; Gallimard; Seuil, 2011. O ensaio de Thomas sobre a instituição da natureza está agora traduzido ao lado de um ensaio de Jacques Chiffoleau, com organização e apresentação de Michele Spanò (Macerata: Quodlibet, 2020).

que estabelece o que é ou não viável dentro dos limites objetivos que circunscrevem a experiência humana.

Mas a autonomia do direito, em face de todo princípio natural, não para aí. Não só pode prescindir da natureza, mas também pode usá-la para fins não naturais. Chama a atenção o uso instrumental do conceito de "natureza" por parte dos juristas romanos em função de seus diferentes objetivos. A começar pelo uso, em Roma especialmente delicado, da alforria de um escravo. Para retirá-lo da condição servil, o direito apela ao estado natural dos seres humanos, que ele próprio violou quando instituiu a escravidão. Dessa forma, uma condição antinatural – a de escravo – é revogada pelo recurso fictício ao princípio natural da igualdade. Assim, a natureza é contrariada duas vezes – em primeiro lugar, tornando um ser humano, naturalmente livre, um escravo, depois, libertando-o através da referência instrumental a um cânone natural. O poder não natural do direito, em suma, chega inclusive a usar os protocolos naturais contra si mesmo. De tal modo, faz da natureza o instrumento da instituição, e da instituição o pressuposto da natureza.

É esse procedimento de desnaturalização que os autores cristãos contestam, restituindo à natureza não apenas sua intangibilidade, mas também o papel legitimador que o direito retirou dela. Assim, as relações entre instituição e natureza são duplamente modificadas. No declínio do Império, a natureza não só é considerada indisponível às operações do direito, mas também se torna seu vínculo intransponível. Mais que instituir a natureza, é o direito que é instituído por ela em uma forma que atribui um novo significado à categoria de "direito natural". O direito não legisla mais sobre a natureza, mas, ao contrário, conforma-se a ela, dando voz à lei nela contida. Desse instante há um verdadeiro salto de paradigma para os juristas romanos, dos quais os canonistas cristãos se destacam claramente no que concerne à definição de "natureza", agora não mais instituída, mas dada.

Em vez de romper qualquer relação entre natureza e instituição, isso, porém, reconfigura-a de forma diferente, inserindo entre elas um terceiro elemento, constituído por Deus, que as modifica. Que a natureza seja "dada" não significa, de fato, como na filosofia grega, que seja eterna, mas que foi "doada" pelo Criador às criaturas. Dessa forma, mais que desaparecer, o princípio instituinte é transferido da esfera do direito para a esfera da teologia. A natureza é indisponível ao direito, porque está literalmente nas mãos de um *Deus institutor.* Nessa perspectiva, mesmo a ideia de "instituir a vida" passa por uma conversão semântica que interpõe entre os dois termos uma lacuna destinada a transformá-los. Em vez de autoproduzida, a vida é instituída por uma vontade divina que precede qualquer outra instituição. Daí uma mudança drástica da relação entre o dado natural e o poder instituinte. Toda instituição é inserida dentro de um horizonte metafísico que faz da própria natureza uma criação divina.

Essa dialética é reconhecível em toda sua severidade na *Cidade de Deus* de Agostinho. No centro dela, a colisão frontal com Roma – sobretudo com Varrão e Cícero, considerados seus maiores ideólogos – adquire um papel decisivo para a construção da teologia política cristã. Em questão está precisamente o sujeito da instituição. No VI livro de *De Civitate Dei*, Agostinho aponta o erro de Varrão ao considerar as coisas divinas como instituídas pelos homens. Na base desse sacrilégio há justamente a inversão da relação entre história e natureza, que corresponde àquela entre homens e deuses. Qualquer concepção que anteponha a cidade do homem à cidade de Deus está destinada à dissolução.

O que na transição de época representada por Agostinho desmorona definitivamente é o paradigma jurídico romano em favor de uma nova ideia de "instituição": a instituir a vida não é nem o direito nem a história dos homens, mas, ao contrário, sua obediência a esse Deus que originalmente os instituiu, único mandatário da justiça. A lei pode ser definida como "natural" sob a condição de que a natureza seja considerada obra de Deus. Da mesma forma, o mal não é proibido porque é o mal, mas porque é proibido por Deus. Essa mudança teológica esteve destinada a apagar pelo menos por um milênio a *institutio vitae* de derivação romana. De possível sujeito da práxis instituinte, a vida volta a ser objeto passivo de uma instituição inteiramente dependente da vontade soberana daquele que possui suas chaves.

Instituições soberanas

O modelo de instituição que se difunde na sociedade medieval é fortemente afetado por essa mudança de perspectiva, de uma dimensão funcional, como a romana, a uma modalidade autoritária de natureza transcendente. Tal passagem ocorre em paralelo com o trânsito semântico da categoria de "pessoa", pertinente ao indivíduo, ao de pessoa *ficta* ou *repraesentata*, introduzida no léxico jurídico por Sinibaldo Fieschi (papa

Inocêncio IV), em referência a entidades não humanas, como podem ser uma universidade ou um mosteiro, titulares de certas prerrogativas.[2] A qualificar essa mudança está sua caracterização centralista, evidente na comparação da instituição com as figuras da corporação e da fundação. Enquanto a primeira se expressa na vontade de seus membros reunidos no *collegium* e a segunda é utilizada para a conservação de um bem coletivo, a instituição é conotada pela presença de um elemento autoritário, vigente não apenas no ato da criação, mas também ao longo de todo o arco de sua duração.[3]

Esse tom autoritário ficou por muito tempo impresso no conceito de "instituição". Desde então, mesmo em sua versão secularizada, continua a evocar um poder estabelecido de uma vez por todas, uma modalidade repetitiva do próprio modo de ser e de funcionar. O que prevalece no conceito de "instituição" é uma espécie de reiteração subtraída da história e enrijecida na fixidez de um eterno presente. O instituído, seu resultado pretendido e irrevogável, predomina sobre o instituinte. Embora para todas as idades médias a categoria de "instituição" não se refira ao organismo estatal, ainda em processo de formação, o *institutio* refere-se intensamente ao que "foi", ao "estabelecido". Não questiona a história em seu momento constituinte, mas através da parte da permanência.

---

[2] Ver: BELVISI, Francesco. All'origine dell'idea di istituzione: il concetto di «persona ficta» in Sinibaldo de' Fieschi. *Materiali Filosofici*, n. 1, p. 3-23, 1993.

[3] Ver, sobretudo: CARON, Pier Giovanni. Il concetto di "institutio" nel diritto della Chiesa. *Il Diritto Ecclesiastico*, parte I, p. 328-367, 1959.

Essa perda de historicidade é decisiva para a configuração que a categoria de "instituição" assumirá na cultura política moderna. Para que o poder expresso por ela resplandeça em toda sua plenitude, é necessário apagar da memória o processo que a produziu e, ainda mais, suas origens não raramente violentas. O que desaparece é o momento instituinte, inteiramente absorvido no instituído.[4] Assim, o êxito de uma práxis artificial – historicamente determinada – é assimilado a um dado de natureza, por sua vez correspondente à vontade divina, da qual o *institutio* é expressão terrena. Instituição é o que permite a um dado poder perdurar no tempo sem ser questionado por seus membros.

O *Ancien Régime* acentua, se possível, esse pressuposto hierárquico, incorporando-o na figura monocrática do soberano absoluto. Ao longo do tempo, a lei do rei torna-se tão prevalente sobre todos os outros estatutos, usos e costumes que é capaz de cancelar ou tirar a ênfase da própria palavra "instituição", muitas vezes flanqueada, ou substituída, por termos que acentuam seu caráter de estabilidade, como o termo francês "*établissement*". Na verdade, o substantivo "*institutio*", ou "*institutum*", não desaparece completamente, mas é normalmente voltado ao príncipe, ou seja, ao conjunto de regras a que deve obedecer para responder ao seu dever de bom cristão e, ao mesmo tempo, de modelo para os fiéis. Nesse sentido, o soberano, colocado à frente da instituição, é ele mesmo *institutor*, atuante na

---

[4] Ver: NAPOLI, Paolo. Ritorno a "instituere": per una concezione materialistica dell'istituzione. *In*: BRANCACCIO, Francesco; GIORGI, Chiara (org.). *Ai confini del diritto: poteri, istituzioni e soggettività*. Roma: DeriveApprodi, 2017. p. 77-88.

instituição e na instrução que garantem a ordem civil, religiosa e militar. O que falta, pelo menos até o início do século XVIII, na ideia de "instituição" é a referência aos mecanismos impessoais em que se condensa a administração governacional, extremamente subordinada ao poder soberano para conseguir assumir uma configuração autônoma e uma denominação específica.

Embora muitas vezes sejam usadas de forma intercambiável em tratados jurídicos à época, uma fratura profunda continua a separar a noção estática de *institutio* daquela dinâmica de *constitutio*, destinada a transitar nas constituições modernas. Como observa o historiador das instituições Alain Guéry, o que torna seu uso problemático é o fato de que a monarquia absoluta não é concebida como instituída, mas, antes, proclamada por direito divino.[5] Portanto, não pode ser pensada em termos de "instituição". O Estado é o "estatuto" do reino, encarnado de maneira sagrada na pessoa do rei, no ponto de junção entre seus dois corpos, mortal e dinástico. Rei e reino são impensáveis separadamente até que a estrutura administrativa do Estado não tenha adquirido autonomia, dando uma configuração diferente ao léxico institucional. A *institutio* nada mais é do que o vínculo sagrado que liga o homem à divindade no ponto de encruzilhada entre tempo e eternidade.

Essa história termina, ou muda radicalmente, já durante a Revolução Francesa. No último período do *Ancien Régime*, algo como um sistema administrativo começa a tomar forma exterior, em certos aspectos, à

---

[5] Ver: GUÉRY, Alain. Institution: histoire d'une notion et de ses utilisations dans l'histoire avant les institutionnalismes. *Cahiers d'Économie Politique*, n. 1, p. 7-18, 2003.

vontade soberana, porque necessariamente em relação com organizações, poderes e interesses não totalmente representados pela monarquia. É uma primeira mudança sensível em direção ao conceito moderno de "instituição". Usado inicialmente em negativo – por exemplo, na Constituição Francesa de 1791, para definir as ordens nobres e as corporações medievais que estavam sendo abolidas –, ele gradualmente começa a se afirmar como o conjunto dos órgãos em que se articula a vida social e política de um país. O contraste entre os novos regimes constitucionais e o pré-revolucionário sinaliza por si mesmo a natureza móvel e diferenciada das instituições políticas.

No entanto, isso não é suficiente para orientar em direção dinâmica a lógica institucional, fazendo emergir daí uma práxis instituinte. Apesar da mudança de direção da tradição medieval para a filosofia política moderna, um elemento autoritário ainda permanece por muito tempo. Hobbes, mesmo em um horizonte categórico drasticamente renovado, já reproduz tanto o caráter pessoal do Estado Leviatã como o caráter absoluto de seu poder. Ele usa o termo "instituição" para se referir indiferentemente ao Estado, ao governo e à soberania. Tal variedade de usos, de fato, emancipa o conceito da dobra teológica do direito canônico, inserindo-o em uma dimensão nova. A própria ideia hobbesiana de "contrato social" chama atenção para a origem da instituição em uma forma distante do criacionismo cristão. Ainda assim, o Estado Leviatã incorpora todas as outras instituições dentro de si, subordinando-as ao seu comando absoluto. Disso deriva uma dessecação na lógica institucional, potencializada mas também inteiramente esmagada pelo monopólio do Estado.

Não surpreende que, a 250 anos de distância, tanto Max Weber como Carl Schmitt reproduzam, ainda que com categorias e intenções diferentes, o que Talcott Parsons definiria como "problema hobbesiano da ordem". A definição weberiana de *Anstalt*, como dispositivo destinado à defesa da ordem constituída, conduz mais uma vez a instituição a uma lógica conservadora. Não é à toa que o teólogo luterano Rudolph Sohm lhe contrapõe a força libertadora da graça divina, destinada a libertar a existência do cristão da jaula jurídico-institucional da Igreja. Nesse embate entre ofício e carisma já está prefigurada a bipolaridade teológico-política dentro da qual reside todo o debate contemporâneo sobre a instituição, dividido em duas frentes radicalmente opostas, já conhecidas por nós. Por um lado, sua assunção "kathechôntica",[6] ou seja, defensiva, orientada para a manutenção necessária da ordem; por outro, a opção messiânica para sua destituição. O contraste entre instituição e movimentos, de onde partimos, encontra sua formação nessa dicotomia.

---

[6] *Katechon*, conceito grego, significa o que detém, o que refreia, o que impede. Foi empregado pelo apóstolo Paulo na Segunda Epístola aos Tessalonicenses. Seria uma espécie de "poder retardador", que busca deter a segunda vinda (*parousía*) de Cristo ao mundo, ou seja, de um poder que deteria o próprio *eschaton* (o fim dos tempos). (N.T.)

II

O retorno

Sociologia

O retorno das instituições, no cenário cultural do século XX, não passa pelo Estado, mas pela sociedade. É a ciência sociológica nascente que inaugura um novo olhar sobre elas, antes mesmo da política e do direito. Não através de Weber – ainda dentro do paradigma hobbesiano da ordem –, mas na linha que vai de Émile Durkheim a Marcel Mauss. Este, precisamente em um ensaio publicado em 1901 com Paul Fauconnet na *Grande Encyclopédie*, afirma que o objeto privilegiado da sociologia são, de fato, as instituições.[7] Como as instituições dependem do contexto social em que estão implantadas, tal objeto é moldado por elas.

É um primeiro e nítido distanciamento da concepção vertical de *institutio*, hierarquicamente dependente de uma vontade superior. As instituições não são o produto de vontades particulares, mas o resultado de forças impessoais que precedem os indivíduos, determinando seus comportamentos. Os sujeitos, mais que

---

[7] Ver: MAUSS, Marcel; FAUCONNET, Paul. Sociologie. *In*: *Grande Encyclopédie*. Paris: [s.n.], 1901. v. XXX. p. 165-175.

formá-las, são eles mesmos formados por elas mediante a educação transmitida ao longo da cadeia de gerações. Assim, a sociologia francesa está fora do quadro conceitual do positivismo jurídico. Não é o sujeito soberano que plasma as instituições de acordo com suas próprias decisões, mas são elas que traçam as margens dentro das quais o legislador deve mover-se. Em vez de construí-las, o indivíduo se encontra desde sempre inscrito em sua gramática.

Não temos de entender essa prevalência do elemento objetivo sobre o subjetivo, ou do passado sobre o presente, como um bloqueio que impede a transformação. Pelo contrário, os sociólogos franceses insistem no elemento dinâmico e, aliás, vivente da práxis institucional: "As instituições realmente vivem, isto é, mudam continuamente".[8] É uma mudança de direção, a partir da qual o tema clássico da *institutio vitae* adquire novo sentido: a vida não é apenas objeto, mas também sujeito da instituição, com a qual forma um único movimento. A partir daí inicia-se uma inversão do conceito, que muda o foco do instituído para o instituir, com uma mudança semântica decisiva em relação ao paradigma hobbesiano-weberiano.

Em seu centro, Mauss coloca a noção de "fato social total", que não só alarga de forma inédita a linguagem da sociologia, mas também a integra profundamente aos termos da antropologia, da psicologia e da linguística. Em suma, a instituição, além de se tornar objeto central do conhecimento sociológico, constitui também o lugar de comutação mútua entre as ciências humanas.

---

[8] MAUSS; FAUCONNET. Sociologie, p. 170.

Os mesmos saberes, quando elaboram um novo estatuto epistemológico, são pensados como complexos institucionais capazes de se contaminar reciprocamente.

Mas quais são os elementos que fazem das instituições, muito antes que o freio na dinâmica vital, seu canal de difusão no interior da sociedade? Em primeiro lugar, a capacidade por parte de cada uma delas de gerar outras em um processo potencialmente infinito. Por isso, Mauss lembra que o culto dos antepassados nasce nos ritos fúnebres, exatamente como estes derivam de procedimentos mágicos anteriores e assim por diante, numa espécie de recuo genealógico tendencialmente infinito, porque toda origem parece decorrer de outra precedente. Como a vida dos homens revela todo seu significado somente se inserida ao longo das gerações, da mesma forma a vida das instituições está situada em um processo genético que do passado se prolonga em direção ao futuro. Central, nessa nova perspectiva, é a referência a uma práxis eficaz, capaz de transformar a realidade. Ao contrário dos atos jurídicos, que se limitam a legitimar situações sedimentadas, os procedimentos institucionais "são eficazes no mais alto grau, criam, fazem".[9]

O outro elemento que qualifica a instituição é seu caráter concreto, material e corpóreo. Em um ensaio muito posterior, intitulado precisamente *As técnicas do corpo*, Mauss passa em rápida revisão o uso que, em diferentes épocas e em vários países, os homens fizeram do próprio corpo, ou seja, as práticas sexuais, os limiares

---

[9] MAUSS, Marcel; HUBERT, Henri. Esquisse d'une théorie générale de la magie. *Année Sociologique*, 1902-1903. [Trad. it. em: MAUSS, Marcel. *Teoria generale della magia*. Torino: Einaudi, p. 13.]

da excitabilidade, os limites de resistência. Toda técnica corporal repousa sobre sinergias nervosas e musculares articuladas de diversas maneiras no contexto social. Mas além disso: encarnando-se nas diferentes instituições, as funções corporais assumem em si mesmas um perfil institucional. Desde as técnicas mais naturais, como a respiração ou sono, até as mais sofisticadas, como a produção de fogo, os seres humanos usaram tecnicamente seu corpo de uma forma que, em certos aspectos, diz respeito ao que já dissemos sobre a instituição romana da natureza.

Mas o ponto de contato mais intenso da relação entre corpo e instituição é representado pela linguagem. Ele estabelece a ligação inseparável entre a psique individual e a estrutura social, portanto, a matriz de todas as outras instituições. Os linguistas foram os primeiros a admitir que os fenômenos por eles estudados são integralmente sociais, ou seja, ao mesmo tempo psicológicos e fisiológicos. Porém, o que mais conta, quando definem o papel institucional da linguagem, ou linguístico da instituição, é a ligação simbólica entre percepções individuais e representações coletivas. É ela que transforma as instituições não em um bloco imóvel, mas no canal de trânsito entre elementos diferenciais em circulação constante. Isso – a passagem de uma diferença a outra – faz com que o sistema de cada instituição, e de seu conjunto, não seja jamais saturado, completo e definitivo. Segundo uma formulação retomada seja por Lévi-Strauss, seja pela clínica psicanalítica lacaniana,[10]

[10] Ver: RECALCATI, Massimo. Il campo istituzionale tra legge e desiderio: abbozzo per una teoria clinica dell'istituzione. *Almanacco di Filosofia e Politica*, n. 2, p. 35-51, 2020. Organizado

ele compreende uma caixa vazia ao redor da qual são determinadas as trocas sociais.

Para dar um exemplo preciso, recordemos o que Mauss escreveu a respeito do instituto do dom, praticado por alguns povos da Polinésia, da Melanésia e do Noroeste americano. Nele se entrelaçam elementos de natureza religiosa, jurídica, econômica, política e estética, sem que seja sempre possível distinguir entre suas linguagens. O que confere a tais "fenômenos totais" o máximo interesse, no que se refere ao nosso discurso, é o fato de nos mostrarem a práxis instituinte no grau zero, ou seja, em sua fusão inicial, na qual um rito tem valor de lei, ou uma lei tem uma importância econômica e assim por diante. Enquanto vivemos em sociedades que distinguem, a ponto de opô-los, pessoas e coisas, contrato e dom, serviços obrigatórios e atividades gratuitas, as sociedades estudadas por Mauss os articulam livremente em uma figura cujos contornos perdemos.

Direito

Os primeiros e mais influentes teóricos do institucionalismo jurídico são o francês Maurice Hauriou e o italiano Santi Romano. Sem entrar nos detalhes de suas obras, basta observarmos que foram os primeiros a superar a concepção personalista da *institutio* medieval, transferida anos depois para a lógica da soberania terrena absoluta. O que Hauriou contesta é a doutrina positivista – sustentada na Alemanha pelos teóricos do direito Carl Gerber, Paul Laband e Georg Jellinek – que

por Mattia Di Pierro, Francesco Marchesi e Elia Zaru, estudo totalmente dedicado ao tema da instituição.

interpreta as normas legislativas como expressão da vontade estatal. Defender que toda a produção jurídica decorre da vontade do legislador significa perder de vista o longo processo de formação dos próprios Estados nacionais, com as leis e os costumes que os precedem e às vezes os excedem.

Hauriou, no entanto, também critica a teoria oposta, interpretada principalmente por Léon Duguit, que, em sintonia com a sociologia de Durkheim, reduz as formas jurídicas à expressão objetiva de processos sociais, perdendo toda sua autonomia. Contra essa dupla tendência, voluntarista, por um lado, e determinista, por outro, a nova corrente confere importância jurídica a uma série de instituições que não coincidem com a instituição estatal, mesmo sem aniquilar a sociedade. Na teoria de Maurice Hauriou, a instituição, gerada num dado meio social, pode ou não se encarnar em uma pessoa jurídica, dando à luz duas tipologias distintas: instituições-pessoas, como são os Estados, partidos e sindicatos, e instituições-coisas, autônomas da estrutura estatal.[11] Embora Hauriou se concentre especialmente nas primeiras, a referência a algumas entidades objetivas, ou seja, não incorporadas por um sujeito jurídico, já conduz a teoria da instituição para fora do velho léxico personalista. É um passo importante para uma concepção mais ampla e diversificada da práxis institucional. Hauriou mistura nela elementos culturais de origens diferentes, de matriz ao mesmo

[11] Ver: HAURIOU, Maurice. La Théorie de l'institution et de la fondation. *Cahiers de la Nouvelle Journée.* [Trad. it.: *La teoria dell'istituzione e della fondazione (Saggio di vitalismo sociale).* A cura di Andrea Salvatore. Macerata: Quodlibet, 2019.]

tempo espiritualista e biológica, como diferentes são os autores nos quais se inspira, de Gabriel Tarde a Henry Bergson e Claude Bernard. Essa ubiquidade conceitual faz com que, mesmo contestando a centralidade do Estado em favor de um pluralismo institucional, jamais a abandone totalmente.

É precisamente nessa incerteza básica que intervém criticamente o jurista italiano Santi Romano, que durante os mesmos anos elabora a teoria institucionalista mais tecnicamente vigiada e teoricamente radical. Expoente da escola histórica do direito de Vittorio Emanuele Orlando, ocupou cargos de responsabilidade mesmo à época do regime fascista, sem com isso enfraquecer o rigor de sua doutrina. Romano critica o colega francês por ter moldado o conceito de instituição "à imagem e semelhança do Estado".[12] Desse mesmo Estado, aliás, cuja crise Romano havia declarado, em uma famosa palestra em 1909, na Universidade de Pisa.[13] Poderíamos destacar em seu discurso, previdente em relação ao que estava prestes a acontecer na Europa, o verdadeiro ato de nascimento do institucionalismo jurídico. Reagindo à narrativa autocelebrativa do Estado moderno, que faz dele o único titular do direito público, Romano amplia os limites deste último, incluindo em seu interior uma multiplicidade de instituições não estatais. Em sua obra-prima sobre o ordenamento jurídico, ele inverte a relação entre Estado e direito: enquanto a ideia de "direito" for independente da de "Estado",

---

[12] ROMANO, Santi. *L'ordinamento giuridico* [1917-1918]. A cura di Mariano Croce. Macerata: Quodlibet, 2019. p. 43.

[13] Ver, do mesmo autor: *Lo Stato moderno e la sua crisi* [1909]. Milano: Giuffrè, 1967.

é impossível definir o Estado sem recorrer ao conceito de direito.

Nessa ousada defesa da dimensão jurídica em relação à esfera política, econômica e sociológica, é possível reconhecer um elemento conservador bem explicável, afinal, em quem estabeleceu uma íntima relação com o regime fascista. Mas também uma forma original de conceber o mundo inteiro *sub specie* jurídica. Nenhuma disciplina – nem a economia, nem a sociologia, nem a política – tem o poder performativo do direito, ao qual Romano atribui uma vitalidade peculiar representada justamente pela instituição. Todo ordenamento – de qualquer tipo – é uma instituição e vice-versa. Somente essa expansão horizontal do sistema jurídico parece ser capaz de acompanhar o passo com a complexidade da sociedade contemporânea. De que mais havia germinado, além disso, a crise do Estado, senão de sua incapacidade de se abrir às solicitações de novos sujeitos coletivos – grupos, associações, organizações –, expressas por uma sociedade agora incontrolável no perímetro estreito da soberania estatal?

No entanto, Santi Romano não se limita a contestar a exclusividade do poder soberano, articulando-o na pluralidade de ordenamentos, mas também desconstrói a própria categoria de pessoa jurídica como fonte exclusiva do direito. Na origem da lei não existe apenas a vontade do legislador, mas também a necessidade expressa pela sociedade. Essa é uma potência capaz de agir não só *extra legem*, mas também *contra legem*, forçando o legislador a derrogar normas já promulgadas ou a criar normas novas. Nesse sentido, Romano faz do direito uma força criativa capaz de produzir uma nova realidade jurídica.

Isso amplia de maneira exponencial os limites da noção de "ordenamento", agora estendida a todas as forças sociais organizadas – internas, externas ou mesmo contrárias ao Estado, como podem ser as associações ilegais ou até mesmo os movimentos revolucionários voltados a subvertê-lo. Que o Estado as considere potências hostis, e as combata como tais, não exclui que, por si só, sejam perfeitamente jurídicas, pelo simples fato de terem uma organização interna. Negá-lo – continua Romano, tocando os limites extremos da própria ontologia – deriva sobretudo de um julgamento ético, como tal exterior ao horizonte do direito. Sem deixar de acrescentar – com um argumento surpreendente de quem assumiu o papel de jurista no regime fascista – que uma associação revolucionária destinada a inverter uma ordem estatal injusta seria mais ética que o próprio Estado que a declara ilícita.

Quem levou ainda mais longe a crítica da soberania do Estado foi o sociólogo franco-russo do direito Georges Gurvitch, em uma versão ulterior, e mais extrema, de institucionalismo, que também rompe a relação entre ordenamento e organização. Ao distinguir um direito organizado de um desorganizado, Gurvitch atribui ao último maior energia em relação ao primeiro. Enquanto o direito desorganizado pode existir sem o organizado, o contrário não é verdade. Aliás, fechando-se em sua armadura normativa, o direito se transforma em uma forma de domínio destinado a oprimir a sociedade. Nessa versão radical de institucionalismo, o direito não apenas nasce da base de uma sociedade atravessada por tensões e conflitos, mas também é totalmente imanente a ela. Não depende de uma vontade soberana transcendente, mas forma uma unidade com instâncias e movimentos irredutíveis aos códigos e às leis estabelecidas.

Filosofia

O terceiro confronto crítico com a instituição, distinto, mas contíguo, àqueles com a sociologia e com o direito, é aberto pela filosofia. Para apreender sua gênese, é preciso olhar sobretudo para a corrente fenomenológica inaugurada na Alemanha a partir dos estudos de Edmund Husserl e difundida na França por Maurice Merleau-Ponty, desde os anos 1950. Mas por que exatamente a fenomenologia, isto é, um pensamento aparentemente distante de uma projeção política? Na realidade, essa imagem maneirista é contrariada pelo compromisso ético-político de vários de seus membros. Porém, em outros aspectos, poderíamos argumentar que precisamente o aparente posicionamento impolítico da fenomenologia manteve-a longe das opções filosófico-políticas que se revelaram posteriormente fracassadas ou altamente problemáticas.

Se observarmos o caso da França, as perspectivas de dois filósofos como Raymond Aron e Jean-Paul Sartre, amplamente influentes nas vertentes liberal e marxista, são dificilmente voltadas a uma ideia inovadora de práxis instituinte. Quanto à Alemanha, uma virada institucionalista não poderia ser realizada nem pela cultura pós-hegeliana, ancorada em uma filosofia monista do Estado, nem pela ontologia heideggeriana, forçada, após a gravíssima implicação com o nazismo, a recuar na direção impolítica. Em suma, nesse quadro, a fenomenologia permaneceu como o único grande ramo filosófico que falava a linguagem da instituição, sustentada por dois eixos teóricos diferentes e complementares. O primeiro é a relação entre sujeito e objeto. O outro é constituído pelo conceito de "relação", que insere o sujeito individual num tecido de reciprocidade partilhada com outros sujeitos. No entanto, ambas as passagens conceituais, iniciadas por Husserl, permanecem inacabadas, uma vez que no centro de sua concepção ainda permanece a consciência do sujeito. É sobre esse déficit que intervém Merleau-Ponty, levando a semântica fenomenológica a uma direção mais intensamente histórica e política. A virada que ele imprimiu no paradigma fenomenológico se encontra no deslocamento de uma filosofia da consciência para um pensamento da corporeidade vivente que liberta seu significado histórico-político.[14]

No centro dessa passagem há o nexo entre a dimensão vertical da historicidade e a dimensão horizontal da relação. A relação com a alteridade só pode se desenvolver em um quadro que reconstrói a conexão entre passado e futuro. Isso significa inserir a novidade, inerente à atividade humana, em uma sucessão que não perca o contato com as raízes. Nesse sentido, Merleau-Ponty introduz uma clara diferença entre os conceitos de "práxis instituinte" e "poder constituinte", geralmente usados por teóricos da revolução. Enquanto

---

[14] Para uma rigorosa reconstrução da relação entre Husserl e Merleau-Ponty em torno do tema da instituição, ver: PETRINI, Enrica Lisciani. Merleau-Ponty: Potenza dell'istituzione. *Discipline Filosofiche*. n. 2, p. 71-98, 2019. Organizado por Enrica Lisciani Petrini e Massimo Adinolfi. Todo o fascículo é dedicado ao tema da instituição.

o poder constituinte, em sua versão de direita e de esquerda, reproduz a nível secular a categoria teológica de "criação a partir do nada", a práxis instituinte afirma uma processualidade que envolve o novo dentro de uma dimensão já instituída.[15]

É uma diferença não desprezível, de ordem tanto política como filosófica. Como toda "tomada" é sempre uma "retomada" de algo que preexiste, ela se projeta adiante, modificando, mesmo de forma radical, o próximo evento. Longe de ser absoluta, a criação instituinte é condicionada por uma série de vínculos que canalizam a ação sobre um caminho já construído. Mas "condicionada" não significa "determinada", porque o novo significado não se deixa explicar totalmente por aquele preexistente. Um possível ponto de união entre a realidade, mediada, do instituído e a realidade, não mediada, do momento instituinte é o conceito de "emergência". Algo emerge de outra coisa sem ser determinado por ela, e, aliás, transforma-a, como aconteceu com a psicanálise freudiana em relação à ciência psicológica da época.

Contudo, além de modificar o objeto que institui, a práxis instituinte também transforma o próprio sujeito – os sujeitos que a ativam. No entanto, em vez de assumi-la como algo dado, colocado antes e fora do que de tempos em tempos se produz, o pensamento instituinte vê a subjetividade emergir de sua própria práxis. Mais do que a sujeitos determinados, refere-se a um "processo de subjetivação". Em suma, a ação de

---

[15] Ver: MERLEAU-PONTY, Maurice. L'"Institution" dans l'histoire personnelle et publique. *In*: *Résumé de cours (Collège de France)* [1952-1960]. Paris: Gallimard, 1969.

instituir produz a própria subjetividade que a coloca em ato. Instituindo alguma coisa nova, o sujeito institui si mesmo, transformando-se em relação ao seu modo de ser inicial. Enquanto o poder constituinte sempre pressupõe um sujeito já formado – o povo soberano, um partido jacobino ou, ainda, uma multidão revolucionária –, o pensamento instituinte vê a subjetividade nascer dos mesmos mecanismos institucionais dos quais participa.

Nesse sentido, é possível falar também de um sujeito impessoal, que rompe através de outra vertente o binômio que o direito constitucional estabeleceu entre instituição e pessoa. A referência ao impessoal decorre da crítica à pessoa jurídica como titular da instituição e, especialmente, do Estado-pessoa. Por definição, o processo instituinte nunca pode se identificar com uma única pessoa, preposta e sobreposta à sua dinâmica. Por outro lado, ele também não está circunscrito ao encontro, ou ao diálogo, entre duas pessoas ou partes envolvidas. A instituição sempre prevê um terceiro que garanta um interesse geral, mediando o contraste potencial entre interesses particulares. Nela, entre um e outro há sempre um diafragma impessoal que filtra o imediatismo do face a face, evitando que o encontro a dois possa degenerar em choque violento. Assim, ela contém dentro de si algo do que Hegel chamou de "espírito objetivo": um ponto de vista que põe os interesses, ou os desejos subjetivos, em um horizonte mais amplo, dando-lhes um caráter objetivo.

Política

Naturalmente, no retorno ao campo do pensamento das instituições, ao lado da sociologia, do direito e da filosofia, não pode faltar a política. Nessa retomada de interesse, aliás, ela ocupa um lugar de destaque, colocando-se no ponto de conexão e tensão com a sociedade. O autor que melhor ajuda a compreender essa triangulação é Claude Lefort, aluno favorito e organizador das obras de Merleau-Ponty. Para ele, de fato, a tarefa da política é precisamente "a instituição do social".[16] Para entendermos o significado dessa expressão, não podemos confundir o termo com qualquer uma das instituições já presentes na sociedade, mas fazer referência à própria práxis política, instituinte enquanto tal.

A função do conflito é integrar instituições, sociedade e política. A política, na verdade, institui a sociedade dividindo-a em dois campos inevitavelmente conflitantes. Ou melhor, traz à tona a divisão que desde a origem a atravessa. A sociedade, toda sociedade, passada e presente, sempre está dividida entre valores e interesses contrapostos. Mas muitas vezes não tem consciência disso, imaginando-se unida na pretensa unidade do povo. Assim, a práxis instituinte é o que torna a sociedade consciente de ser dividida e do lugar preciso em que ocorre a divisão. Isso explica a relação complexa que une política e sociedade. Uma não poderia existir sem a outra, mesmo sem coincidir com ela. A sociedade é o único espaço em que a política é exercida. Mas isso também vale para o contrário. Como não pode haver política sem sociedade, não pode haver sociedade sem política. Porque, sem a função qualificante da política, ou seja, sem as decisões que por vezes ela toma, toda

---

[16] Ver: LEFORT, Claude. Sur la démocratie: le politique et l'institution du social. *Textures*, n. 2-3, p. 7-78, 1971.

sociedade seria como qualquer outra. Só a política, e mais especificamente o conflito que a atravessa, dá à sociedade seu sentido exato, tornando-a diferente de todas as outras. É sua instituição política, por exemplo, que diferencia a sociedade de antigo regime daquela moderna; ou que distingue uma sociedade democrática de uma totalitária.

O que as separa são, sobretudo, o papel e a posição de poder, mas também a qualidade do conflito que está em sua origem. Enquanto na sociedade totalitária o espaço do poder é preenchido de uma vez por todas por um único partido e por seu líder, na sociedade democrática ele é, por assim dizer, um lugar vazio e, portanto, contestável, ocupado de tempos em tempos, mas sempre provisoriamente, pela parte que prevalece no confronto político. Mas – cuidado – dizer que seu lugar está vazio não significa dizer que o poder não exista ou deva ser eliminado. Mesmo nas sociedades democráticas, ele exerce uma função insubstituível, ou seja, a de instituí-las como tais.[17]

Sobre tal ponto, é necessário esclarecer as sugestões anarquistas que emergem de muitos ângulos do quadrante filosófico contemporâneo.[18] Não existe, nem nunca existiu, uma sociedade sem poder. É uma evidência tão intuitiva que não precisa ser provada. No entanto, nos regimes democráticos, o poder, longe de ser externo à

[17] Ver: DI PIERRO, Mattia. *L'"esperienza del mondo": Claude Lefort e la fenomenologia del politico*. Pisa: Ets, 2020.

[18] Naturalmente, o anarquismo filosófico não deve ser confundido com o anarquismo político. A propósito, vale a leitura de: DI CESARE, Donatella. Poscritto anarchico. *In*: *Sulla vocazione politica della filosofia*. Torino: Bollati Boringhieri, 2018. p. 145 em diante.

dinâmica social, imposto e caído do alto, é sua mesma expressão, no sentido de que é o resultado temporário do confronto, e do embate, entre interesses e valores representados pelas partes sociais. Por sua vez, o poder molda a sociedade, delineando não apenas sua maneira de funcionamento ou sua distribuição de recursos, mas também, e sobretudo, a forma simbólica por ela assumida.

Por "poder", em suma, do ponto de vista instituinte, não se deve entender um dispositivo de domínio, mas o que confere a cada sociedade sua configuração institucional. Obviamente o papel, a forma e as prerrogativas do poder variam historicamente de acordo com as diferentes organizações sociais. Se nos Estados absolutos ele está concentrado em um único ponto – localizado no extremo do corpo social, em sua cabeça –, nas sociedades democráticas está difuso entre suas várias articulações. Mas ainda mais relevante é que, enquanto nas sociedades autoritárias o poder tende a neutralizar o conflito, nas democráticas é uma de suas funções. As instituições são precisamente os lugares, os procedimentos, as práticas dentro das quais poder e conflito se relacionam. A instituição é o que permite ao conflito político continuar representando seu próprio papel ativo e regulador no interior da sociedade.

Dessa perspectiva, podemos dizer que, sob o perfil genealógico, o primeiro pensador do poder instituinte foi Maquiavel.[19] Ninguém como ele entendeu e teorizou o caráter produtivo do conflito político na sociedade. Não em contraste com a ordem, mas em relação

---

[19] Ver: LEFORT, Claude. *Le Travail de l'œuvre Machiavel*. Paris: Gallimard, 1972.

necessária com ele.[20] Em oposição a Hobbes, que alterna ordem e conflito, condicionando o nascimento da primeira à extinção do segundo, para Maquiavel o conflito é o motor fundamental da ordem política. Ele é talvez o único pensador moderno que compreende o conflito não apenas como originário, mas também como algo insuperável. É originário, isto é, instituinte, porque não é precedido por nada. Nem mesmo pelas partes conflitantes entre si, as quais, em vez de serem a causa, são o efeito dele. Insuperável porque está constitutivamente ligado à atividade política.

Nesse sentido, a ontologia política de Maquiavel, diferentemente da ontologia aristotélica, é literalmente infundada. Não apenas porque é exposta à absoluta contingência que impede qualquer tentação teleológica. Mas também porque na base da sociedade não há um único fundamento, muito menos o fundamento do Uno, eventualmente um dispositivo binário irredutível à unidade. O social é imediatamente dividido, e a divisão é desde sempre social. Portanto, se mantido dentro dos limites da política, o antagonismo não é caráter destrutivo da sociabilidade, na verdade, é sua expressão mais intrínseca. É a forma que assume a coexistência. Apenas através do conflito a sociedade pode se relacionar consigo mesma, autorreconhecendo-se como tal, una e binária ao mesmo tempo. Por isso ela não pode ser o resultado de um contrato entre indivíduos que optam por sair do estado conflitual de natureza para entrar no estado social. Em primeiro lugar, porque, sendo

---

[20] Para essa interpretação de Maquiavel, ver: MARCHESI, Francesco, *Riscontro. Pratica politica e congiuntura storica in Nicolò Machiavelli*, Macerata, Quodlibet, 2017.

a sociedade originária, não existe qualquer estado de natureza anterior; em segundo lugar, porque o estado de bem-estar, como já foi dito, longe de ser exclusivo do conflito, é instituído por ele. Portanto, além de originário, o conflito também é inextinguível.

Em suma, a instituição é o que mantém unidos os interesses contrapostos, evitando que o conflito político degenere em violência. Pensemos, por exemplo, para ficarmos com Maquiavel, no instituto romano do tribunato da plebe, amplamente discutido nos *Discursos*. Ele, nascido do conflito político entre patrícios e plebeus, tinha o papel de organizá-lo em relação aos equilíbrios de força determinados de tempos em tempos. Assim, ao contrário de Hobbes, que leva a política em direção ao Estado, Maquiavel relaciona-a com a dinâmica das instituições. Para Hobbes, a única instituição possível e necessária à sobrevivência da sociedade é o Estado. Para Maquiavel, que vive em um país como a Itália do século XVI, sem Estado, as instituições políticas, civis, religiosas e militares vão além do horizonte estatal, elas o precedem, mas também o superam.

Claro que não é fácil entender a conexão instituinte entre unidade e divisão, ordem e conflito, que Maquiavel identificou na origem da política moderna. No coração do paradigma instituinte, resta o enigma de uma contraposição que não se opõe à ordem, mas é interna a ela, como seu próprio motor. Como pode uma sociedade ser unificada por sua própria divisão? E como pode o espírito competitivo produzir a ordem, sem escorregar em antagonismo absoluto? Para dar uma resposta a tais questões, temos de reconhecer o papel do negativo na práxis instituinte. É o que faremos no próximo capítulo.

III

Produtividade do negativo

Fim da mediação

A instituição tem uma relação constitutiva com a categoria de "negação". Isso explica, sobretudo, a dificuldade dos intérpretes em reconhecer todo seu potencial de sentido. Tal negatividade não é sobre efeitos, mas sobre a própria natureza do ato instituinte. Isso decorre da copresença, em seu interior, de duas linhas semânticas diferentes, se não opostas, que se referem respectivamente à estase e ao movimento. Uma primeira bipolaridade já se manifesta na distinção entre a forma substantiva de *institutio* e a forma verbal de *instituere*. Mas essa distinção não é suficiente por si só para dissolver a ambivalência que reaparece, de várias formas, tanto no substantivo como no verbo. Ambos os termos, derivados do latim composto "*in-statuere*", trazem duas tonalidades contrapostas, levadas a se negarem mutuamente, sem sequer chegar a se anularem mutuamente. De fato, podemos dizer que a característica peculiar da instituição reside justamente em sua implicação mútua.

Tal característica refere-se ao ato de fundação, ou de instauração, de alguma coisa nova que não existia.

Instituir significa inaugurar um elemento anteriormente inexistente. A partir desse ponto de vista, a práxis instituinte alude a um começo que modifica, mesmo que radicalmente, o quadro precedente, inserindo nele uma novidade. Mas, ao mesmo tempo, a novidade instituída, mais do que um devir, é um "estado", uma entidade destinada a "estar", que resiste à dissolução. Nesse sentido, paradoxalmente, o instituinte é um movimento que tende a negar a si mesmo, ou seja, a criar imobilidade. Eleva, ergue algo que deve ser mantido em pé, imóvel sobre sua própria base.

Daí a antinomia do conceito, que parece colocá-lo em contraste consigo mesmo: o êxito do movimento instituinte é a estabilidade da instituição. Em vez de arrancar a raiz antiga, a novidade se fundamenta nela, estendendo-a e, ao mesmo tempo, fortalecendo-a. Daí o caráter singular de sua lógica. Que mantém unidos movimento e estabilidade, mudança e permanência, inovação e conservação. A instituição não surge *ex nihilo*, mas sempre de alguma coisa também estabelecida em seu tempo, capaz de preservar e inovar simultaneamente. Porém – aqui está a pergunta que continua interpelando os intérpretes sem encontrar uma resposta convincente –, como se pode preservar uma novidade sem negá-la?

Retorna a questão do negativo. Para que o processo instituinte seja produtivo, é necessário que dê vida a algo que não lhe preexista. E, uma vez instituída, a instituição adquire, de fato, uma realidade externa ao movimento que a produziu. Esse elemento de exterioridade, ou autonomia, do resultado em relação à intenção subjetiva que levou a ele parece ineliminável. É o que Hegel chamou de "espírito objetivo". É o momento em que o espírito se realiza na efetualidade, precisamente objetiva, das instituições, em cujo ápice se situa aquela, suprema, do Estado. O pressuposto dessa concepção é a impossibilidade, para a atividade do sujeito, de durar sem se objetivar em alguma coisa que de alguma forma a supera.

A instituição expressa essa implicação, intrinsecamente contraditória, de liberdade e necessidade, de sujeito e objeto, de interior e exterior. Em termos ainda mais gerais, de positivo e negativo. O pensamento de Hegel representa seu ápice dialético em uma fase histórica em que movimento e instituição, inovação e estabilidade ainda parecem encontrar um ponto possível de mediação. Com ele, a objetivação daquilo que define "espírito", ou seja, o próprio movimento do real, ainda não é estranhamento, mas realização através do negativo. A tensão entre liberdade e necessidade é capaz de conter os opostos sem provocar uma explosão. O Estado político não é sentido como opressão, mas como expressão da sociedade civil.

Foram suficientes apenas poucas décadas para desfazer esse quadro interpretativo. Se já com Marx a filosofia da mediação se inverte em teoria da revolução, Nietzsche vê no Estado ético hegeliano o "monstro frio" que governa nossas vidas. A "gaiola de ferro" de que Max Weber fala, por sua vez, não faz nada além de traduzir em termos mais urbanos a desconfiança contra instituições enrijecidas em uma objetividade sem alma. O que vem a faltar é a possibilidade, ainda presente em Hegel, de pensar o negativo como uma potência dialética capaz de incluir o positivo. Depois dele, afirmação e negação separam radicalmente suas próprias órbitas, movendo uma, agora armada, contra a outra. O pensamento da instituição sofre o mesmo destino de dilaceração.

A copresença de inovação e conservação, intrínseca ao conceito, rompe-se no contraste frontal entre instituições e movimentos dos quais partimos. Todo o debate filosófico-político do século XX tende a se separar em polaridades alternativas incapazes de dialogarem entre si. Endurecimento institucional e rejeição de instituições se tornam as duas vias sem saída que arrastam a questão a um ponto morto.

No fundo desse impasse está a incapacidade de repensar o negativo de forma produtiva, retirando-o da dupla tendência à absolutização e à remoção que caracteriza a filosofia contemporânea. Se, por um lado, através de uma linha que encontra em Heidegger a própria matriz, o negativo torna-se absoluto a ponto de romper qualquer relação entre ente e ser na então chamada "diferença ontológica", por outro, Henri Bergson o apaga em nome de uma afirmação igualmente excludente. Assim, o que vem a faltar é a capacidade, decisiva para o pensamento instituinte, de pensar afirmativamente o negativo.[21]

É o que Paul Ricœur observa criticamente em um texto dedicado ao tema da instituição.[22] Em seu centro, encontra-se uma reformulação positiva do que os anti-institucionalistas estigmatizaram em termos de "alienação". O embate entre as pessoas só pode ocorrer em um fundo institucional destinado a prevenir que o "cara a cara" degenere em violência. A interiorização

[21] Sobre o problema, ver: ESPOSITO, Roberto. *Politica e negazione: per una filosofia affermativa.* Torino: Einaudi, 2018; *Pensiero istituente: tre paradigmi di ontologia politica.* Torino: Einaudi, 2020.

[22] Ver: RICŒUR, Paul. Le Problème du fondement de la morale. *Sapienza. Rivista di Filosofia e di Teologia*, n. 3, p. 313-337, 1975.

das relações, para não explodir num choque sem trégua, passa necessariamente por um momento de exterioridade que objetiva, de alguma forma, as partes do embate. A práxis instituinte se situa precisamente nessa margem oscilante entre interior e exterior, identidade e alteridade, ordem e conflito. Contra a utopia da conciliação a qualquer custo, a instituição não apenas reconhece a irredutibilidade do conflito, mas também evita que um pacifismo absoluto possa se transformar em terrorismo, passando do amor incondicional à justiça sumária dos tribunais populares, como aconteceu no período do Terror revolucionário.[23] A questão, negligenciada por todas as teologias políticas, reacionárias ou revolucionárias, é que apenas a relação com o negativo salva do sonho – ou do pesadelo – de uma ação afirmativa sem condições. Mas, para entendê-la, é preciso superar uma concepção unilateralmente negativa da instituição.

Daí a necessidade de uma virada paradigmática. Se as instituições continuarem a parecer um bloco compacto de poder e repressão, não restará senão a opção messiânica de sua destituição. Nada é mais ineficaz e, ao mesmo tempo, perigoso do que o mito neoanárquico de uma sociedade simplificada em uma alternativa entre instituições repressivas e ausência de instituições. A demanda, hoje cada vez mais generalizada, de democracia direta, contra as instituições de democracia

---

[23] Ver também: RICŒUR, Paul. Le Conflit: signe de contradiction ou d'unité. *In*: *Contradictions et conflits: naissance d'une societé*. Lyon: Chronique Sociale de France, 1971. [Trad. it.: Il conflitto: segno di contraddizione o di unità?. A cura di Matteo Pagan. *Almanacco di Filosofia e Politica*, n. 2, p. 259-277, 2020. Organizado por Mattia Di Pierro, Francesco Marchesi e Elia Zaru, totalmente dedicado ao tema da instituição.]

representativa, constitui sua forma mais atualizada. O debate sobre as instituições desliza em direção a duas polaridades extremas e irreconciliáveis. De um lado, a progressiva esclerose institucional, por outro, a liberdade através das instituições. Quando, em vez disso, o caminho a ser percorrido passa por um novo nexo entre instituições e liberdade.

Prótese do humano

Vimos como a lógica institucional manifesta uma contradição fundamental. É aquela que une liberdade e necessidade, sujeito e objeto, interior e exterior. Os dois termos não podem nem se separar nem se sobrepor sem quebrar o equilíbrio de sua relação. Todo o pensamento da instituição se move nessa tensão, consciente de sua insolubilidade. Obviamente, de acordo com percursos distintos, que se situam ao longo de eixos interpretativos diferentes, com base no papel atribuído a cada um dos dois polos e à linha que os mantém em relação. Essa linha deve ser entendida como o limite que os divide ou como a margem que os une? É uma barreira de separação ou o eixo em torno do qual gira a práxis institucional? Em suma, o negativo inerente à instituição é o que a condena à repetição ou o motor que permite sua transformação?

Uma pergunta semelhante pode ser feita sobre a relação entre natureza e técnica. O que está em discussão é se elas estão situadas nos extremos de um único segmento ou em planos paralelos destinados a não se tocarem. As necessidades humanas se realizam naturalmente ou requerem uma série de filtros institucionais que possibilitam sua satisfação? Tais questões estão no centro do conhecimento que, sobretudo na Alemanha, assumiu o nome de "antropologia filosófica", cujo expoente mais conhecido é Arnold Gehlen.

Como no caso de outros teóricos da instituição, o que faz a diferença em Gehlen é a forma de lidar com o negativo. Ele não só não subestima sua presença, mas também faz dela a premissa de sua própria antropologia. Retomando a tese nietzschiana do homem como "animal não consolidado", Gehlen liga a fragilidade humana a uma natural falta de instintos. Essa falta, que coloca o homem numa condição de inferioridade perante os animais, determina a necessidade de adquirir ferramentas artificiais cujo resultado é constituído por instituições. Sendo-lhe negada a satisfação imediata das necessidades primárias devido à falta de ferramentas naturais, ele as substitui por próteses tecnológicas mediante as quais possa preencher a lacuna com o universo animal que originalmente o oprime.

Esse processo, explicável em termos filogenéticos, mas também verificável em chave ontogenética, é tudo, exceto linear. Passa, ao contrário, por uma série de capturas e desvios que interpõem filtros contínuos entre a finalidade pretendida e os meios utilizados para atingi-lo. O primeiro deles é a substituição da dimensão natural pela dimensão artificial. Como, para Hobbes, apenas a renúncia ao estado de natureza permite a passagem para o estado civil, Gehlen, então, interpõe um hiato entre necessidades vitais e ações aptas a satisfazê-las. A subdivisão das pulsões e sua seleção funcional são o que permite que a vida humana supere a própria lacuna inicial e se autopreserve de forma facilitada. Uma segunda forma de estabilização do ser humano, dentro de um ambiente potencialmente hostil, é o uso de representações capazes de reduzir a complexidade ambiental, limitando sua indeterminação. A terceira e mais evidente forma de imunização ativada pelo animal-humano contra sua incompletude original consiste na isenção. Só se isentando, isto é, retirando-se da avalanche de pulsões pelas quais é naturalmente incitado, o homem pode canalizar sua experiência em um álveo significativo.

No entanto, esses procedimentos não seriam suficientes para garantir sua sobrevivência, se não interviessem as instituições localizadas em seu exterior, como uma série de próteses necessárias a substituir os membros perdidos. Nelas, as ações humanas, traduzidas em normas, cristalizam-se numa ordem objetiva que os sujeitos percebem já em vigor quando se reportam a ela. Na medida em que intervêm apenas no final do processo de hominização, é como se as instituições fossem pressupostas a tal ordem, movendo-a em certas direções. A função das instituições é libertar os homens da tarefa de organizar sua própria vida em um ambiente oneroso, mantendo-a dentro de limites preestabelecidos. Então, livres da pressão do "agora", podem programar uma duração no futuro, não se limitando a viver, mas comprometendo-se a "conduzir sua própria vida".[24]

Isso não deve ser entendido no sentido de um progresso ilimitado. Ao contrário, a tonalidade de base dessa antropologia filosófica é fortemente tingida de anti-iluminismo. Confiantes em si mesmos, sem a proteção de dosséis institucionais exteriores a eles, os seres humanos não seriam capazes de suportar nem o excesso pulsional

---

[24] GEHLEN, Arnold. *Der Mensch, seine Natur und seine Stellung in der Welt* [1940]. Wiebelsheim: Aula, 2003. [Trad. it.: *L'uomo: la sua natura e il suo posto nel mondo.* Milano: Feltrinelli, 1983. p. 389.]

que pressiona de dentro nem a pressão ambiental que pesa de fora sobre eles. Desse ponto de vista, a crítica de Gehlen ao naturalismo de Rousseau não é inferior àquela referente ao idealismo de Hegel. A dificuldade de entender o papel vital das instituições surge do caráter incuravelmente idealista da filosofia moderna. Sem recipientes estáveis aptos a protegê-las – como precisamente as instituições –, as ideias não sobreviveriam à sua rotação vertiginosa. Mais que com seu conteúdo, é necessário preocupar-se com a criação de invólucros institucionais preparados para assegurar sua duração suficiente.

Algo semelhante é dito a respeito das fórmulas jurídicas, carentes de estruturas estáveis dentro das quais se encarnam, ou seja, escritórios de advocacia, salas de tribunais, sistemas administrativos, comissões parlamentares. Para não falar da religião, mantida viva por organismos eclesiásticos que dão corpo institucional a formulações e dogmas de outra forma destinados à dispersão. Quanto tempo teria durado o cristianismo se tivesse sobrevivido uma das muitas mensagens proféticas que povoavam o mundo antigo, sem a formidável máquina jurídica de uma Igreja capaz de defender e propagar sua doutrina ao longo do tempo? Toda essa meticulosa engenharia social está agora ameaçada por um processo de "desmantelamento das instituições",[25] produto do mesmo progresso técnico que lhes deu vida e

---

[25] GEHLEN, Arnold. *Urmensch und Spätkultur. Philosophische Ergebnisse und Aussagen* [1956]. Frankfurt a.M.: Klostermann, 2004. [Trad. it.: *L'uomo delle origini e la tarda cultura: tesi e risultati filosofici*. A cura di Vallori Rasini. Milano-Udine: Mimesis, 2016. p. 23.]

que agora, com seu desenvolvimento vertiginoso, corre o risco de esmagá-las.

Não podemos deixar escapar o tom explicitamente conservador do discurso de Gehlen, cuja biografia não se realiza sem compromissos políticos flagrantes com o regime nazista. O que falta à sua teoria das instituições, e, em geral, à sua antropologia negativa, é uma avaliação adequada da sociabilidade originária e, portanto, da criatividade da natureza humana. Ela corre o risco de se transformar numa espécie de renaturalização das instituições que empurraram o homem para além da dimensão natural. É isso que, em um célebre embate, Adorno objetou a Gehlen[26]: as instituições não são apenas uma prótese técnica originada pela falta da natureza humana, mas também o fruto de um determinado desenvolvimento histórico. Por isso nosso destino não depende apenas de sua manutenção, mas sobretudo de sua disponibilidade à transformação.

Instintos e instituições

Partindo de pressupostos não muito distantes dos de Gehlen, em um pequeno texto da década de 1950, Gilles Deleuze interpreta o negativo da práxis instituinte em uma chave mais aberta. Ao contrário dos que veem

---

[26] Ver: ADORNO, Theodor W.; GEHLEN, Arnold. Ist die Soziologie eine Wissenschaft vom Menschen? Ein Streitgespräch [1965]. *In*: GRENZ, Friedemann. *Adornos Philosophie in Grundbegriffen. Auflösung einiger Deutungsprobleme*. Frankfurt a.M.: Suhrkamp, 1974. p. 224-251. [Trad. it.: La sociologia è una scienza dell'uomo? Una disputa. *In*: ADORNO, Theodor W.; CANETTI, Elias; GEHLEN, Arnold. *Desiderio di vita: conversazioni sulle metamorfosi dell'umano*. A cura di Ubaldo Fadini. Milano-Udine: Mimesis, 1995. p. 83-107.]

nas instituições uma coação de forças vitais, ele reconhece no negativo uma potência afirmativa voltada a favorecer seu desenvolvimento. Não apenas a instituição não sufoca o livre desdobramento dos instintos, mas também, sob certas condições, permite sua expansão. Em vez de produzir um efeito inibitório sobre as tendências naturais, abre para elas um espaço de satisfação antes impedido.

Ele chega a essa conclusão através de uma disjunção entre instituição e lei, que leva esta última para o lado do negativo, reservando à primeira uma conotação positiva. Enquanto a lei enclausura a ação humana dentro de limites demarcados por obrigações e proibições, a instituição lhe fornece modelos funcionais para uma implementação ágil. É por isso que Deleuze pode sustentar a tese incomum de que, se "a tirania é um regime em que há muitas leis e poucas instituições, a democracia é um regime em que há muitas instituições e pouquíssimas leis".[27] Na base dessa afirmação há uma inversão de prioridades na relação entre direito, política e sociedade. Norma jurídica e decisão política não precedem, mas seguem as necessidades historicamente instituídas. Portanto, o verdadeiro legislador não é aquele que legisla, e muito menos quem comanda, mas quem institui. Disso se origina um movimento destinado a dar o nó entre estado natural e estado político que, na origem da filosofia política moderna, Hobbes havia rompido drasticamente.

---

[27] DELEUZE, Gilles. *Instincts et institutions*. Paris: Hachette, 1955. [Trad. it.: *Istinti e istituzioni*. A cura di Ubaldo Fadini e Katia Rossi. Milano: Mimesis Eterotopia, 2002. p. 3.]

No entanto, o ponto de referência desse raciocínio, que reavalia a natureza humana, não é Rousseau, mas Hume. E isso por uma dupla razão. Primeiro, porque, através do utilitarismo de Hume, Deleuze o coloca fora do mitologema do contrato social. Depois, porque, em vez de opor a natureza à cultura, integra-as numa modalidade que abandona o dualismo moderno em favor de uma nova perspectiva. Para o utilitarismo, a espinha dorsal da sociedade não é a lei, mas a instituição. Enquanto a finalidade de uma sociedade governada pela lei é garantir aos súditos, ou aos cidadãos, o gozo de direitos naturais legitimados pelo contrato, a compreensão de uma sociedade plasmada por instituições é tornar os cidadãos sujeitos de uma práxis adequada às suas necessidades. Isso determina uma rotação de 180 graus na relação entre direito, política e sociedade. Ao contrário do modelo hobbesiano, que antepõe o político e o jurídico ao social, o modelo utilitarista parte da sociedade, adaptando políticas e leis a ela. Decisão política e norma jurídica não precedem as necessidades sociais, mas derivam delas. Nesse caso, a instituição da vida não contradiz seu estrato natural, mas brota de dentro dele. Também a referência à jurisprudência, contraposta por Deleuze à "força de lei", confere ao direito uma declinação plástica e criativa que jamais entra em conflito com as instâncias sociais, porém se constitui numa relação operacional com elas.

Contudo, isso não leva Deleuze, ao menos nessa fase de seu percurso filosófico, a apagar o negativo, que, expurgado do lado social, volta a reaparecer na práxis instituinte. Mesmo sem perder os contatos com a natureza da qual emerge, a instituição não se identifica totalmente com ela. A margem que as une é também aquela que as divide. Diferentemente da antropologia filosófica alemã, para Deleuze, as instituições não substituem os instintos ausentes, mas os completam, tornando-os, por assim dizer, efetuais. O que em Gehlen era um contraste, ou uma alternativa, em Deleuze se torna uma copresença.

Mas a conexão entre instituição e natureza não é nem identificação nem sobreposição. Por mais enraizado que esteja na natureza, o artifício institucional não coincide com ela. Uma coisa é dizer que a pulsão natural se satisfaz através dos meios da instituição, outra coisa é dizer que são iguais. Entre uma e outra resta um diafragma que, por mais sutil que seja, continua a separá-las. É verdade que a satisfação da tendência natural requer a intervenção da instituição, por exemplo, a sexualidade é satisfeita no matrimônio, como a ganância, na instituição da propriedade. No entanto, casamento e propriedade são colocados para além dos instintos aos quais também respondem, conservando um núcleo de transcendência em relação a eles. O trânsito da natureza à cultura permanece sempre aberto. Mas não é imediato nem linear, porque requer um desvio implícito no instrumento com o qual é implementado. Se seu resultado é propulsivo, porque expande a tendência, o meio utilizado para tal fim também atua como freio da pulsão.

Se assim não fosse, por outro lado, se a instituição permanecesse dentro da tendência natural, a passagem de uma a outra seguiria sempre o mesmo caminho, como acontece com os instintos animais, todos satisfeitos da mesma maneira. Entretanto, isso não acontece com os seres humanos, diferenciados pelo tipo de artifício que por vezes colocam em ato. Enquanto os pássaros fabricam seus próprios ninhos, em qualquer lugar, sempre da mesma forma, os homens, em tempos e espaços diferentes, constroem de outra maneira suas habitações de acordo com suas preferências. As instituições, embora necessárias à natureza, são sempre diferentes, porque variam de acordo com a razão e com o costume, mas, sobretudo, com a imaginação de quem as inventa. Elas, antes de serem encenadas, são imaginadas.

Aí reside o caráter singular do indivíduo em relação à espécie biológica a que pertence. A individualidade no ser humano jamais é esmagada pela uniformidade do instinto, que, ao contrário do instinto animal, não é perfeito, mas perfectível, porque é mediado pela linguagem e pela inteligência. Isso acontece porque entre indivíduo e espécie sempre se interpõe um terceiro elemento, constituído pela sociedade. Sua presença revela o caráter bivalente da instituição, ao mesmo tempo natural e histórico, necessário e contingente, espontâneo e obrigatório. É verdade que a repetição de circunstâncias – como dormir à noite ou comer durante o dia – determina uma cadeia de recorrências que torna o futuro previsível. Porém apenas parcialmente, já que um indivíduo sempre pode decidir se quer dormir durante o dia ou comer à noite.

Por mais que necessária à sua satisfação, a instituição não é o instinto. Requer uma distância que, se não o nega diretamente, como faz a lei, divide-o por meio do diafragma da imaginação. Isso inverte as proporções entre instituição e lei. A instituição, podemos dizer, é a afirmação de um negativo, diferentemente da lei, que é a negação de um positivo. O que as contrasta não é uma opção absoluta entre afirmação e negação, mas a maneira como se cruzam e a perspectiva a partir da qual tal interseção é observada. Se a lei olha para o positivo – o dado natural, a tendência – do ponto de vista de negação, a instituição olha para o negativo do ponto de vista da afirmação.

Imaginário social

A relação entre instituição e imaginação está no centro da teoria de outro autor, Cornelius Castoriadis,[28] certamente o mais radical ao reivindicar o caráter criativo da práxis instituinte. Isso deriva, de um lado, da identificação substancial dos dois termos: imaginar alguma coisa significa instituí-la, fazer de um não ser um ser. De outro, da precedência desse imaginário instituinte contra qualquer outra realidade. Se o real, em todas as suas formas e manifestações, é sempre instituído, significa que não existe nada antes do ato que lhe dá expressão: nem indivíduo nem sociedade, nem natureza nem cultura, nem economia nem política.

Nesse sentido, a teoria de Castoriadis se encontra fora de todas as principais correntes filosófico-políticas do século XX. Se é exterior à concepção liberal, que coloca em primeiro lugar o indivíduo, é igualmente exterior à concepção marxista, que faz da instituição uma resultante do modo de produção. Quando, por outro lado, tanto o indivíduo como o modo de produção só fazem sentido se socialmente instituídos. O sujeito individual está sempre inscrito nas relações sociais que

---

[28] Ver: CASTORIADIS, Cornelius. *L'Institution imaginaire de la société*. Paris: Seuil, 1975. [Trad. it.: *L'istituzione immaginaria della società*. A cura di P. Barcellona e Fabio Ciaramelli. Torino: Bollati Boringhieri, 1995.]

afetam seus comportamentos, bem como a classe encontra importância institucional na relação que estabelece com associações, sindicatos e partidos.

No entanto, o imaginário instituinte de Castoriadis está igualmente distante das filosofias que enxergam na imaginação a simples representação, verdadeira ou enganosa, do objeto por parte do sujeito. Quando é precisamente a atividade imaginária que institui tanto um quanto o outro, além de sua própria relação. Sujeito e objeto só existem na recíproca implicação dentro de um contexto já estabelecido. Isso não significa que o imaginário social crie o ser a partir do nada, no interior de um campo completamente limpo. Se fosse dessa forma, significaria dizer que há uma condição originária em que salta, num determinado momento, a centelha da instituição. É precisamente o que a teologia cristã entende por "gênese", e a filosofia política moderna, por "contrato social", segundo uma narrativa que contrasta estado político e estado natural. Quando, em vez disso, como os juristas romanos já haviam intuído, não existe natureza que não seja juridicamente instituída.

Daí decorre o distanciamento da antropologia filosófica de Gehlen. A instituição não é uma prótese artificial que substitui um kit natural defeituoso, dotando os comportamentos humanos de estruturas pré-formadas nas quais se canalizam. Pensar dessa forma significa sobrepor a um naturalismo inicial um êxito determinista igualmente a-histórico: partindo de certa ideia deficitária de natureza humana, deduz-se a necessidade de submetê-la a dispositivos artificiais que reduzem drasticamente a liberdade de escolha do homem. Castoriadis inverte o raciocínio: sendo a natureza humana desde o início instituída, as instituições contêm um núcleo natural do qual não conseguem se libertar, mas conseguem se desenvolver de acordo com as decisões tomadas de tempos em tempos. Porém, tal decisão jamais pode ser abstraída do contexto em que ocorre. Institui-se algo apenas a partir do já instituído.

Claro, essa lógica também se aplica, e acima de tudo, ao contrário. Isso impede que a instituição se enrijeça numa fixidez sem vida. Não há instituição totalmente autônoma da energia que a originou, continuando a transformá-la sem trégua. Se toda práxis humana tende naturalmente a se institucionalizar, então toda instituição é modificada pela insurgência de uma nova práxis que não cessa de mobilizá-la. Essa evidência ganha importância sobretudo em confronto com as teorias, hoje em voga, da desistência, visto que mesmo a desistência, se imaginada como tal, é de fato instituída. Para os seres humanos, é possível, aliás inevitável, modificar a história com seus próprios comportamentos, mas não escapar dela. Portanto, apesar de tantos anúncios a esse respeito, a história não tem nem uma finalidade nem um final, qualquer que seja o significado que se queira atribuir a essas expressões.

A história não tem sequer um começo. Embora sulcada por uma série infinita de origens – sempre que alguma coisa surge ou que alguém vem ao mundo –, a história não tem origem. Se a tivesse, tal origem precederia o processo, transcendendo-o. No entanto, cairia, assim, em uma forma de teologia disfarçada que, no interior da teoria política, muitas vezes assumiu o nome de "poder constituinte". Todas as teorizações do poder constituinte, formuladas pela direita ou pela esquerda, sempre acabaram sacrificando o instituído em lugar do instituinte, empurrando a história para fora dos próprios eixos, antes de serem, por sua vez, arruinadas por ela mesma.

Para se proteger dessa eventualidade, é necessário manter vivo o equilíbrio sutil entre ser e devir, história e natureza, que atribui à práxis instituinte uma forma dialética. A atividade humana não pode se sustentar na ausência de um negativo capaz de produzir atrito no fluxo do devir. Ele precisa se sedimentar, e se estabilizar, em práticas rituais, simbólicas, sociais e políticas, sem as quais não teria condições de resistir à pressão do tempo. Dessa maneira, evita escorregar para uma forma de determinismo naturalista, pois não existe uma natureza humana externa aos dispositivos histórico-sociais que de tempos em tempos, e sempre diferentemente, moldam-na com resultados discordantes.

O resultado desse processo é aquele em que o imaginário assume uma forma especificamente política, coincidente com a passagem da heteronomia à autonomia. É o momento em que uma determinada sociedade se reconhece livre de vínculos transcendentes, de tipo teológico ou natural, confiando-se à autodeterminação. Política é a capacidade autorreflexiva através da qual a sociedade supera sua própria alienação contra potências externas, reconhecendo-se dona de seu próprio destino. Só então se pode dizer que assume plenamente sua própria historicidade.

IV

Além do Estado

Instituições sem soberano

Redescobrindo instituições é o título do livro de James G. March e Johan P. Olsen.[29] Publicado em 1989, ele marca um divisor de águas simbólico em comparação com o período dos 30 anos anteriores, que se caracterizou, por um lado, pela subestimação, e, por outro, pela rejeição da lógica institucional. Como já foi aqui observado, individualismo metodológico e cultura marxista, por mais que contrapostos, mostraram-se aliados no trabalho de desinstitucionalização da política. Há muito tempo as instituições são consideradas, em vez de sujeitos decisivos do jogo político, meros recipientes de comportamentos individuais e coletivos. Classes sociais, modelos econômicos e transformações tecnológicas se tornaram fatores determinantes das dinâmicas políticas, muito mais que a práxis instituinte. Desse modo, num determinado momento, o cenário mudou: as instituições

---

[29] Ver: MARCH, James G.; OLSEN, Johan P. *Redescovering Institutions: The Organizational Basis of Politics*. New York: The Free Press, 1989. [Trad. it.: *Riscoprire le istituzioni: le basi organizzative della politica*. Bologna, Il Mulino, 1992.]

começaram a parecer cada vez mais relevantes para definir, orientar e transformar as agendas políticas. E, por sua vez, as agendas políticas tiveram sempre de dar maior importância às instituições, reconhecendo seu destaque com tanta intensidade que realmente se tornou obrigatório falar de "nova descoberta".

No entanto, ao contrário do que acreditam March e Olsen, essa "redescoberta" das instituições não dependia do que nesses mesmos anos Gabriel Almond definia como *Retorno ao Estado*, mas, longe disso, dependia da redução, cada vez mais visível, de sua centralidade.[30] É verdade que o Estado sempre foi interpretado, não sem razão, como a primeira e mais englobante das instituições. E, ainda assim, precisamente essa primazia, de certa forma óbvia, chega a ser colocada em mora pelos processos de globalização intensificados bem no fim dos anos 1980, como resultado da resolução da Guerra Fria. Hoje sabemos perfeitamente como esses processos eram contraditórios e desiguais, desafiados, muitas vezes com sucesso, por resistências e desvios contrários a eles. Mas é muito duvidoso que, ao longo do tempo, algo seja capaz de deter, ou mesmo de reverter, o declínio do modelo Westfalia, ou seja, da estrutura moderna fundada na plena autonomia de Estados soberanos como únicos titulares da decisão política.

Sem imaginar o retorno a condições pré-modernas, ou até mesmo neomedievais, completamente improvável, o novo institucionalismo é desencadeado globalmente pela crise do regime soberano, já há muito

---

[30] Ver: ALMOND, Gabriel A. The Return to the State. *The American Political Science Review*, v. 82, n. 3, p. 853-874, 1988.

tempo substituído, ou pelo menos rachado, por práticas governamentais a ele irredutíveis. Claro, nada pode ser excluído em relação ao futuro. O embate com o fundamentalismo islâmico atingiu, e definitivamente enterrou, a *belle époque* da globalização, acompanhada pela ideologia do fim da história. Nem um conflito duradouro pode ser descartado do Ocidente – já dividido internamente entre interesses atlânticos e europeus – com a China. No entanto, mesmo nesse caso, é um conflito por ora limitado ao terreno econômico, em um mundo unificado pelas finanças globais e pela tecnologia da informação.

Mesmo o que é definido erroneamente por "soberanismo" parece, mais que um fenômeno capaz de interceptar o futuro, uma forma de resistência aos processos em andamento. É verdade que a situação geopolítica está evoluindo rapidamente. Também pode acontecer que a terrível crise pandêmica produza, em curto espaço de tempo, formas de enclausuramento fóbico no interior das fronteiras nacionais. Mas a mesma possibilidade de contestar o vírus com medidas estruturais, em termos médicos e econômicos, ainda requer uma rede de conexões de dimensões pelo menos continentais, se não mundiais.

Nessa dinâmica, o papel das instituições parece decisivo em vários aspectos. Contanto que, em vez de se limitarem a consolidar os poderes existentes, sejam capazes de governar as transformações em curso, tornando-se, de fato, o canal primário. Isso só será possível se, em vez de tentar em vão ficar longe delas, derem voz aos conflitos sociais que a crise agravou posteriormente, numa conexão insolúvel com os termos da economia e do direito. Em ambas as áreas, a função das instituições tem sido há muito tempo reconhecida. No que diz respeito à economia, tal importância está comprovada, mesmo em plano simbólico, pela atribuição do Prêmio Nobel a economistas institucionalistas como James M. Buchanan, em 1986, Ronald H. Coase, em 1991, e Douglass C. North, em 1993. Na obra deles, é central a atenção às regras que, ao mesmo tempo, orientam e vinculam as decisões dos atores econômicos.

Trata-se, também nesse caso, de uma nítida mudança de curso no que diz respeito à abordagem econômica neoclássica, que subestimava o papel das instituições com relação ao critério de racionalidade adotado. A premissa em que se baseava era que os mercados, independentemente das situações contextuais, tendem em qualquer caso à eficiência. Contra tal tese, claramente otimista, os economistas de orientação institucionalista identificam precisamente na incerteza a característica dominante dos mercados. As instituições são a única ferramenta para mantê-la sob controle. Portanto, o paradigma institucional volta a ser considerado instrumento fundamental não só de compreensão da economia, mas também de modificação de seus endereços. Naturalmente, nem todas as instituições são iguais quanto a seus efeitos. E, de fato, em *Instituições, mudança institucional, evolução da economia*, North distingue as instituições que retêm das que favorecem o desenvolvimento econômico.[31] Em geral, as primeiras são as que tornam as práticas de contratação opacas, predeterminando seus

---

[31] Ver: NORTH, Douglass C. *Institutions, Institutional Change and Economic Performance.* Cambridge: Cambridge University Press, 1990. [Trad. it.: *Istituzioni, cambiamento istituzionale, evoluzione dell'economia.* Bologna, Il Mulino, 1994.]

resultados e ocultando informações, enquanto as segundas são as que tornam as regras transparentes e os mercados competitivos.

Essa referência às regras convoca a função do direito, colocada no coração do paradigma institucionalista. A partir de certo ponto de vista, o direito está na origem de todas as instituições, mesmo das não jurídicas, que necessariamente usam uma linguagem normativa. Mas, mesmo nesse caso, a natureza jurídica das instituições, em vez de atestar sua natureza estatal, sinaliza sua progressiva emancipação do vínculo soberano. Hoje assistimos a uma verdadeira proliferação de instituições jurídicas independentes de ordenamentos nacionais e localizadas em um horizonte sob, sobre ou transnacional. Em setores cada vez mais numerosos – do comércio à saúde, da tecnologia às comunicações –, os regulamentos nacionais são ampliados, ou anulados, por convenções que fazem do direito um mosaico móvel e em contínua modificação. Desde quando os Estados perderam a exclusividade da legislação, novos atores têm acesso à criação de normas, dando vida a procedimentos jurídicos de caráter transversal em relação à bipolaridade tradicional entre público e privado.[32]

Claro que quem deu o primeiro impulso a essa dinâmica foi a economia, desde que a *lex mercatoria* se desvinculou completamente das legislações nacionais, adaptando-as mais a suas próprias finalidades. A partir desse momento, política e economia começaram a se influenciar mutuamente, desaparecendo suas conotações

---

[32] Ver, a propósito: FERRARESE, Maria Rosaria. *Le istituzioni della globalizzazione*. Bologna: Il Mulino, 2000.

originárias e entrelaçando inextricavelmente suas órbitas. Nos vazios jurídicos abertos pelos mercados financeiros então se inseriram organizações de outro tipo, não apenas externas aos Estados, mas também em concorrência aberta com eles, como as ONGs, sem fins lucrativos e voltadas a fins humanitários em geral, que constituem, aliás, um dos experimentos mais interessantes de uma práxis instituinte inovadora. Embora sejam formalmente organizações privadas, elas buscam finalidades públicas, submetendo as normas escritas a instâncias, necessidades e demandas irredutíveis à linguagem, por vezes enrijecida, dos órgãos estatais. Colocadas no cruzamento entre direito, ética e política, as ONGs não respondem, muitas vezes forçando-as, às leis dos Estados e se referem muito mais a uma espécie de sociedade civil global, indefinível em termos de direito, mas de fato operante em situações de emergências, como guerra, migração, fome e epidemia.

Naturalmente, na cena escancarada, mas também transbordada, da globalização, ao lado de instituições desse tipo existem outras tantas, elas também não governamentais, que expressam interesses econômicos precisos, como o Fundo Monetário Internacional ou a Organização Mundial do Comércio, para não falar de *lobbies* e *corporations* de natureza ainda mais opaca. É evidente que as instituições não são equivalentes, por vezes favorecem interesses adquiridos, por outras, grupos sociais desfavorecidos. O que importa não é só as distinguir, mas também tomar posição de umas contra as outras, inserindo motivações explicitamente políticas dentro de dispositivos apenas aparentemente técnicos. Hoje é cada vez mais difícil separar direito de política. A própria União Europeia, nascida de um ato de vontade política, mas construída por meio de tratados jurídicos, é uma instituição mista, objeto de um confronto áspero entre vários níveis de soberania sobrepostos e justapostos.[33]

Não é inútil notar que,[34] quando a União não era nem remotamente imaginável, na segunda parte de *O ordenamento jurídico*, Santi Romano quase parecia antecipá-la na relação por ele teorizada entre "ordenamentos originários" e "ordenamentos derivados", cuja peculiaridade reside no fato de que os primeiros são pressupostos aos segundos, mas estes penetram no interior dos espaços jurídicos dos primeiros, modificando-os incessantemente. Dificilmente poderia ter sido imaginado algo mais parecido com aquela que se tornaria a máquina institucional da União, que, descontando os muitos e bem conhecidos limites, permanece, apesar disso, um testemunho extraordinário de práxis instituinte.

O direito dos privados

Quem, no interior do institucionalismo jurídico italiano, percebeu com mais perspicácia a profunda transformação contemporânea do direito, abrindo uma perspectiva cujos resultados possíveis só podem ser vistos hoje, foi Widar Cesarini-Sforza. Com ele, a dissociação entre direito e soberania, vislumbrada, mas nunca teorizada em profundidade por Romano,

[33] Sobre as contradições e oportunidades do processo de integração europeia, ver: AMATO, Giuliano; GALLI DELLA LOGGIA, Ernesto. *Europa perduta?*. Bologna: Il Mulino, 2014.

[34] Como fez Biagio de Giovanni, em: *L'ambigua Potenza dell'Europa*. Napoli: Guida, 2002. p. 158 em diante.

encontra um ponto de inesperada radicalização. Comum para ambos os juristas é a ideia de que somente no ordenamento concreto o direito encontra seu próprio espaço de desdobramento. Longe de ser redutível a um conjunto abstrato de normas, está materialmente enraizado na estrutura social da qual emana. Mais que estabelecer a ordem, regulando as relações humanas ou sancionando os comportamentos desviantes, o direito coloca em vigor uma rede de relações já presentes no corpo social. Dessa maneira, não se limita a unificar as vontades subjetivas através um determinado sistema de normas, mas revela sua dimensão originalmente coletiva. Como o direito sempre tem um caráter social, a sociedade sempre tem uma conotação jurídica pertencente a qualquer tipo de organização. Isso significa que qualquer relação – mesmo entre dois sujeitos privados – tem um perfil institucional, independentemente do ordenamento público em que está inserido. Assumido em seu ponto de insurgência, constitui, de fato, a célula originária de todo direito.[35]

Especificamente sobre essa conclusão, registra-se, porém, uma diferença fundamental com relação a Romano. Enquanto este pensa a relação privada a partir do ponto de vista do direito público, Cesarini Sforza inverte a perspectiva, partindo da relação entre sujeitos privados. Claro que também para Romano as relações privadas podem ter validade normativa, mas apenas dentro de um ordenamento público capaz de garanti-la. É justamente o que Cesarini Sforza contesta, ou seja,

---

[35] Ver: CROCE, Mariano. *Che cos'è un'istituzione*. Roma: Carocci, 2010. p. 79 em diante.

a dependência das relações jurídicas privadas por parte do direito público. Desse ponto de vista, ele rejeita a concepção moderna fundada na simetria entre vontade soberana, no ápice, e comportamentos individuais, na base. Não que o ordenamento estatal não se encarregue das relações privadas, separando-as de acordo com modalidades diferentes, de tempos em tempos. Mas não constitui sua fonte normativa.

O que falta é a implicação lógica entre os dois níveis de discurso: um não é a consequência do outro. Do ponto de vista jurídico, eles são mutuamente independentes. O que não significa que os ordenamentos sejam equivalentes em seus efeitos sobre os sujeitos. No entanto, para diferenciá-los, não são os diferentes graus de justiça, mas as relações de força que historicamente são determinadas entre eles. A prevalência de um ordenamento sobre os outros é o resultado factual de uma confrontação, ou de um choque, de natureza extrajudicial. As categorias de direito não são confundidas com as categorias políticas da soberania, das quais são, em princípio, independentes. Nessa concepção radicalmente pluralista – oposta a qualquer teologia política monista –, a juridicidade se desloca do âmbito público para o privado.

Isso não significa que Cesarini Sforza pense em um direito patrimonial, no sentido que a tradição romana conferiu ao termo. *Direito dos privados* – como Cesarini Sforza intitula seu texto mais inovador – não coincide com "direito privado", concebível apenas em relação ao direito público. Muito mais que às pessoas jurídicas, refere-se à sua relação, definida pela relação proporcional entre direitos e deveres. Essa primazia da relação sobre os sujeitos explica a entrada em cena de um terceiro direito, que Cesarini Sforza define como "coletivo", situado entre direito público e direito privado, em uma forma que desconstrói "sua harmonia e coexistência".[36]

O autor lhe dedica uma seção inteira de seu trabalho, mesmo sem chegar a definir totalmente seu perfil. Sabe-se que esse direito coletivo não era estranho à concepção corporativa fascista, focada na aliança entre capital e trabalho. E, apesar dessa pesada hipoteca, alguma coisa parece se sobressair desse quadro historicamente comprometido, para evocar uma forma de "direito comum" ou "direito do comum". Cesarini Sforza fornece dele dois requisitos mínimos, podendo se dizer "comuns", por um lado, os interesses que cada indivíduo "refere não a si mesmo, mas à coletividade";[37] e, por outro, aqueles que, em vez de se referirem a entidades abstratas como "Estado" e "Nação", enraízam-se em uma determinada comunidade.

Tudo isso reconfigura o papel das instituições em uma modalidade ainda mais radical do que aquela, ainda referente a um horizonte normativo, do neoinstitucionalismo anglo-saxão *à la* McCormick.[38] Instituições são as formas como se organizam autonomamente necessidades e instâncias sociais. A referência a um direito

---

[36] SFORZA, Widar Cesarini. *Il diritto dei privati* [1929]. A cura e con un saggio di Michele Spanò. Macerata: Quodlibet, 2018. p. 112.

[37] SFORZA. *Il diritto dei privati*, p. 105.

[38] Ver: MACCORMICK, Neil; WEINBERGER, Ota. *An Institutional Theory of Law: New Approaches to Legal Positivism*. Dordrecht: Reidel, 1986 [trad. it.: *Il diritto come istituzione*. Milano: Giuffrè, 1990]; LA TORRE, Massimo. *Norme, istituzioni, valori: la teoria istituzionalistica del diritto*. Roma-Bari: Laterza, 2002.

coletivo, "mais que privado e menos que público",[39] alude à cooperação mútua de sujeitos reunidos em associações e organizados em instituições. É uma mudança muito marcada em comparação seja com o modelo contratualista, seja com o liberal, em uma direção que nos pode fazer pensar em Espinosa: à transcendência da ordem soberana sucede a imanência de uma rede auto-organizada. As páginas de Cesarini Sforza são atravessadas por uma espécie de materialismo que parece abandonar o formalismo jurídico tradicional, para penetrar na órbita viva "desse vasto mundo de bens, de utilidades, de fins e de interesses",[40] que têm como denominador comum uma coletividade.

Obviamente, para que tudo isso ganhe uma vida nova, é preciso sair do quadro em que tanto Romano como Cesarini Sforza argumentaram quase um século atrás e recompor a dialética entre direito e política que nenhum dos dois pôde teorizar em seu próprio tempo. Falar de "ordenamento jurídico" e de "direito dos privados" só pode fazer sentido colocando-os em um cenário político em transformação. A ele se refere o paradigma da práxis instituinte: à exigência não só de recolocar as instituições no centro da cena política, mas também de colocar o conflito político no centro das instituições.

O fim da Segunda Guerra Mundial já marca uma revanche do *common law* de origem atlântica em comparação com o *civil law* de matriz continental, com o aumento relativo de contratação informal em relação

---

[39] SFORZA. *Il diritto dei privati*, p. 104.

[40] SFORZA. *Il diritto dei privati*, p. 103.

ao direito escrito. Mas, agora, os processos de privatizações crescentes penetram cada vez mais no direito público, usando-o para fins privados. Como havia intuído Joseph A. Schumpeter em sua época, o capitalismo reformulou o próprio conceito de "juridicidade", não apenas ajustando-o às suas necessidades, mas também dando vida a novos sujeitos funcionais para os mercados especulativos de caráter transnacional. Há muito tempo desregulamentação e deformação tornaram-se a nova regra e a nova forma do mundo contemporâneo. Sem dúvida, não pode ser excluída, mais cedo ou mais tarde, uma reação do político à própria marginalização. Mas isso dificilmente marcará um retorno de categorias modernas de selo nacionalista.

Nesse quadro, matizado e irregular, a práxis instituinte adquire um papel sempre maior. Entretanto, a partir de um ponto de vista jurídico. Nunca como hoje a batalha dentro e sobre o direito pareceu tão aberta e incerta. Ele pode funcionar como legitimação das relações de força existentes ou trabalhar para sua transformação. Pode favorecer blocos sociais vantajosos ou outros cada vez mais marginalizados e empobrecidos. Pode fechar fronteiras ou construir pontes. Em qualquer caso, o direito não desempenha um papel neutro e puramente formal, agora prescrito apenas nos antigos manuais jurídicos. Tanto vale tomar conhecimento de suas potencialidades instituintes como orientá-las em direção produtiva de novas relações.

Isso requer uma explicitação da função constituinte que o direito sempre praticou subterraneamente. Já o institucionalismo italiano – de Santi Romano a Costantino Mortati – levou o direito à sua raiz viva. Agora é uma questão de lhe dar um significado político mais evidente. Política, já foi dito, não é a simples expressão do social, mas sua instituição mediante o reconhecimento das linhas de conflito que o cortam e a tomada de posição em relação a elas. Apenas dessa maneira instituição, direito e política encontrarão, ao fim da época moderna, a relação constitutiva que marcou seu nascimento.

Justiça subversiva

Nada garante que a relação entre direito e política – a politização do direito – deva passar pela centralidade do Estado. Pelo contrário, pode resultar da fragmentação do sistema jurídico em uma série de instituições localizadas fora da órbita do Estado. É o caminho percorrido pelo sociólogo do direito Gunther Teubner. Aluno do teórico dos sistemas Niklas Luhmann, ele começa pela radical descentralização dos processos de constitucionalização que investiram contra a sociedade contemporânea. Teubner acredita que tais dinâmicas não podem mais ser analisadas com as ferramentas conceituais do direito público europeu, mas devem ser levadas a uma forma de "constitucionalismo sem Estado".[41] Mesmo a referência tradicional às instituições internacionais lhe parece inadequada, uma vez que ainda se referem à relação entre os direitos soberanos de diferentes Estados. No entanto, não é sequer possível supor algo como uma

[41] Ver: TEUBNER, Gunther. Istituzioni in frammenti: il costituzionalismo sociale al di là dello Stato-nazione. *In*: CHIGNOLA Sandro (org.). *Il diritto del comune: crisi della sovranità, proprietà e nuovi poteri costituenti*. Verona: Ombre Corte, 2012. p. 15-33. Sobre Teubner, no mesmo volume, ver: AMENDOLA, Adalgiso. Autopoiesi del sistema e autonomia dell'eccedenza, p. 66-97.

constituição mundial, inimaginável em um contexto geopolítico heterogêneo como este em que vivemos.

E então? A única maneira viável é reconhecer uma multiplicidade de constituições sociais nem totalmente públicas nem totalmente privadas, produzida nas várias esferas em que a sociedade contemporânea difere: economia, ciência, tecnologia, mídia, medicina, educação, transporte etc. A distinção entre público e privado é agora superada por uma contextualidade polivalente irredutível a uma lógica binária, porque é articulada em uma constelação de universos semânticos ortogonais em relação às dicotomias clássicas modernas. Antes de tudo, a distinção entre público e privado, desmembrada por aquela entre Estado e sociedade, ressurge no interior de cada setor, com um efeito de tensões conflituais contínuas.

Um primeiro tipo de conflito é o que surge entre os direitos de cada Estado-nação e as regras, em contínua metamorfose, das novas agregações pós-nacionais. Porém, outros tipos de conflito se produzem entre interesses individuais e empresas transnacionais. No centro deles está a problemática noção de "direitos humanos", localizada na lacuna entre direito e justiça. São conhecidas as violações dos direitos fundamentais por parte de sociedades transnacionais, relativas às condições de trabalho ou aos processos de poluição ambiental. A elas são acrescidos os danos letais causados por empresas farmacêuticas que, ao aumentarem a seu critério os preços dos medicamentos que salvam vidas, condenam indiretamente à morte grupos inteiros de populações nas regiões mais pobres do planeta.

Trata-se de uma violação flagrante dos direitos fundamentais. Mas como resolver esse problema? E, antes de tudo, como definir, em termos jurídicos, as partes envolvidas? As multinacionais, não tendo uma personalidade jurídica específica, são dificilmente imputáveis de crime. Mas também é difícil reconhecer uma subjetividade jurídica a grupos populacionais indistintos. O problema subjacente é que a linguagem do direito dispõe apenas do léxico da pessoa. É difícil chamar em juízo um processo anônimo, como o da poluição atmosférica, aparentemente desprovido de responsáveis diretos. Assim, os direitos humanos, tão aclamados retoricamente, acabam permanecendo no papel, quando não são instrumentalizados para outros fins, como já aconteceu muitas vezes.

Em suma, o fosso entre direito e justiça permanece aberto dramaticamente. O que impede de superá-lo é justamente a natureza autopoiética, ou seja, sem referências externas, dos diferentes sistemas sociais. Se isso vale para todos os sistemas, vale ainda mais para o sistema, rigidamente formalizado, do direito. Como argumenta Luhmann, ele desempenha uma função imunológica, isto é, neutralizante, diante dos conflitos que afetam a sociedade. Mas é precisamente tal neutralização que o separa da justiça, que, ao contrário, exige a tomada de posições, mesmo que conflitantes, contra a injustiça, onde quer que se encontre.

É essa "parcialidade" que o direito, fundado em normas gerais, não pode expressar. Se o fizesse, se falasse a língua do comum, em vez da língua do imune, ele iria se sobrepor à política, perdendo sua própria especificidade. Além disso, um encontro real entre direito e política, na história ocidental, jamais ocorreu. As trajetórias do *nomos* jamais estiveram em comunhão com as do *dike*, assim como a tradição romana do *ius* nunca se uniu com aquela, grega, da *polis*. É essa integração ausente a ferida que corta, desarticulando-a em duas frentes assimétricas, toda a questão do Ocidente. O formalismo do direito jamais se integrou à luta política por justiça.[42]

Em um texto intitulado *Justiça autossubversiva*, Teubner traça a partir de um ponto de vista genealógico a relação impossível entre direito e justiça.[43] Embora o direito esteja ciente de suas próprias "injustiças" históricas, não pode existir uma teoria jurídica da justiça. Aliás, a justiça constitui o exterior, ou a transcendência, do direito, o que, no interior de seus próprios protocolos, jamais pode atingir. Mas isso, se fecharmos a porta para uma definição afirmativa de "justiça", não exclui a possibilidade, e até mesmo a necessidade, de uma questão crítica do direito sobre si mesmo. Ele pode se aproximar da justiça apenas em termos negativos, como o que ele não é, e jamais pode se tornar o que não é, reconhecendo seu limite intransponível. Pode, é claro, tentar equilibrar os erros, mas apenas dentro de seus próprios procedimentos e em casos particulares.

Afinal, precisamente no detalhe habita seu extremo recurso político. É o caso de abandonar uma concepção geral e totalizante de política. Esta naufragou com as categorias modernas que a inspiraram, dando lugar à proliferação institucional que temos à

---

[42] Ver: SCHIAVONE, Aldo. *Ius. L'invenzione del diritto in Occidente*. Torino: Einaudi, 2005.

[43] TEUBNER, Gunther. *Giustizia autosovversiva: formula di contingenza o di trascendenza del diritto?*. A cura di Annamaria Rufino e A. Zotti. Napoli: La Città del Sole, 2008.

nossa volta. Em relação à qual, apesar das recorrentes regurgitações nacionalistas, não será possível voltar aos antigos modelos "estadocêntricos". Contudo, não dá nem para imaginar uma globalização sem fronteiras. O que deve ser feito, antes, é valorizar a multiplicidade em ato, articulando a variedade das inúmeras linguagens institucionais em uma rede "leibniziana" de mônadas independentes e interrelacionadas.

Claro que podemos ver nesse projeto de diferenciação sistêmica uma forma de despolitização. Mas só se tivermos em mente um paradigma de política do século XX. O que deve ser feito, em vez disso, é dar novamente concretude à atividade política no interior de cada instituição. Precisamos apoiar esse processo de diferenciação, trabalhando ao longo de linhas de tensão entre os vários subsistemas sociais e dentro de cada um deles. É na dialética entre interesses particulares e interesses gerais que uma possível conexão deve ser encontrada entre direito e justiça. Não será um ordenamento unificado que irá manifestá-la, mas a autonomia das auto-organizações em suas singularidades. Destituído de qualquer ambição totalizante, o político será expressão da intrínseca normatividade dos setores particulares.

Desse lado, o "direito dos privados" chega a coincidir com a esfera autônoma das múltiplas instituições, encontrando por essa via uma nova relação com o direito público. Público, nessa perspectiva, é o que permite e estimula processos de democratização nas esferas, distintas e articuladas, da técnica, da economia, da educação, da medicina e assim por diante. Em cada uma delas são ativados conflitos socioculturais por meio de uma democracia cada vez mais inclusiva. Nesse processo de democratização, podem, e também devem, participar as organizações não governamentais, as estruturas sindicais e as ordens profissionais, aliadas na construção de um direito comum que, se não pode fazer justiça, pode pelo menos projetar seu símbolo na multiplicidade plural da sociedade.

Essa análise é convincente? É exportável fora dos enclaves mais desenvolvidos do Ocidente? E, acima de tudo, é reconduzível a um projeto político viável e incisivo? As muitas dúvidas a propósito permanecem. Digamos que entre uma política pós-hobbesiana, não mais reativável, e uma pós-espinosista, ainda por vir, a *ars combinatoria* leibniziana, proposta por Teubner, abre, apesar de tudo, uma perspectiva. Nela, as instituições constituem os nós decisivos em que os fios do direito e da política, há muito separados, começam a se entrelaçar novamente em um horizonte pós-estatal.

Além do Estado?

Quando falamos de "horizonte pós-estatal", obviamente, não o entendemos como um mundo sem Estados. Depois do Estado – podemos até dizer – ainda há o Estado. Uma observação análoga pode ser feita em relação à soberania, estressada, enfraquecida, desafiada por processos de desconstitucionalização, mas ainda presente e ativa com modalidades e intensidades diferentes em todo o planeta. Temos de evitar projetar o que, mesmo entre atrasos e contradições, está acontecendo na Europa – alguma concessão mesquinha de soberania em favor da União – e no resto do mundo, ainda firmemente organizado em torno do eixo da soberania, que, como deveríamos saber, não significa apenas dominação, fechamento, exclusão, mas também democracia, direito e igualdade. Seria um erro, ao mesmo tempo histórico e político, desconhecer a complexidade e a profundidade da categoria de "soberania", tal como vem se configurando, e transformando, desde o declínio da época medieval até nossos dias. Assim como seria um erro confundi-la com a caricatura midiática que há alguns anos assumiu o nome de "soberanismo".[44]

De resto, uma vez que o caráter necessariamente estatal das instituições é contestado, seria difícil excluir o Estado de seu rol. O que deve ser observado é o esquema bipolar que contrapõe ordem estatal e ordem global, ou, ainda, soberania e governo, sem perceber que são fenômenos não apenas inextricavelmente entrelaçados, mas também historicamente inscritos um no outro. Por outro lado, como bem sabem os historiadores da economia, é impossível separar nascimento e desenvolvimento do capitalismo do invólucro estatal em que historicamente sempre tiveram lugar, certamente expandindo-o até deformá-lo, sem, contudo, jamais chegar a quebrá-lo.

Isso vale, de maneira mais geral, para a relação entre política e economia, nunca reconduzível a "soma zero", a partir do momento em que até mesmo os processos de despolitização em favor da economia global têm uma gênese e um resultado político.[45] Quem mais, senão o Estado, produziu, desde o fim dos anos

---

[44] Ver, a propósito: GALLI, Carlo. *Sovranità*. Bologna: Il Mulino, 2019.

[45] Ver as considerações de Sandro Mezzadra e Brett Neilson, em: *The Politics of Operations: Excavating Contemporary Capitalism*. Durham, N.C.: Duke University Press, 2019, p. 209 em diante.

1970, as condições estruturais para a supremacia da economia, reduzindo ou suspendendo o próprio controle sobre a organização do mercado de trabalho? E o neoliberalismo, em todas as suas formas, incluindo o ordoliberalismo alemão, também não nasce de uma opção política dos Estados, especialmente os atlânticos e centro-europeus, logo seguidos por quase todos os outros? O fenômeno da desnacionalização também teve origem no interior dos Estados-nação, bem como as tentativas, contrárias, de renacionalização fora do tempo que estamos testemunhando nos últimos anos. E o neomercantilismo contemporâneo, com o aumento de impostos sobre produtos importados, não tem uma clara matriz geopolítica? Não responde a desafios hegemônicos com evidente cunho político? Foram os próprios Estados que organizaram seu retiro "impolítico" em relação à práxis do capital.

A questão também pode ser examinada de outro ponto de vista, numa dialética mais dinâmica, que vê nos Estados um relevante campo de batalha entre poderes e contrapoderes. Se no último meio século parecem ter cedido, de um lado, aos interesses locais e, de outro, às redes transnacionais, nos 30 anos anteriores – o período "glorioso" da construção do *welfare* – formaram o terreno fundamental do conflito de classes. Ainda nas primeiras duas décadas do novo milênio, na América Latina, na Espanha, na Grécia e em outros lugares, o governo desses lugares foi objeto de uma batalha política entre forças sociais contrárias que deu origem a processos constituintes altamente inovadores. Isso significa que as instituições estatais, e o próprio Estado como instituição, podem ser usados de maneiras diferentes e contrastantes, como um lugar de acumulação do poder econômico por parte dos grupos dominantes, mas também de modificação das relações de força a favor dos grupos de desfavorecidos.

É verdade que muitos desses experimentos constitucionais dentro dos Estados nacionais falharam ou regrediram diante de pressões internas e externas. Do Norte da África ao Brasil, deram origem, aliás, a uma série de contra-ataques autoritários, nos mesmos anos em que a Grécia cedeu ao ditame da Troika.[46] Isso mostra que, embora ainda em funcionamento, a soberania nacional não tem força para se opor vitoriosamente às "operações" do capital. Isso torna muito problemático o que alguns chamam de "soberanismo de esquerda", muitas vezes combinado com uma retórica populista inclinada a mitificar uma homogeneidade de povo que acaba neutralizando o conflito social. Em suma, mesmo sem sair de cena, o Estado não tem força para constituir o pivô de um desafio às potências econômicas transnacionais, caso não jogue no mesmo nível delas, ligando-se a uma rede mais ampla de instituições não estatais. Naturalmente, nem todos os Estados nem todos os governos são equivalentes, de acordo com uma possível transformação política. No entanto, esta está destinada a se deter, ou a regredir, se encerrada no reduto de instituições estatais já estabelecidas.

---

[46] A Troika é um jargão econômico usado para se referir às três instituições internacionais que emprestaram dinheiro à Grécia, isto é, o Fundo Monetário Internacional, o Banco Mundial e a Comissão Europeia. (N.T.)

Étienne Balibar falou recentemente do "Teorema de Maquiavel",[47] aludindo a uma expansão da democracia por meio de uma constitucionalização dos conflitos no mesmo nível do conflito social que atravessa a sociedade contemporânea. Num país ainda desprovido de Estado nacional, como era a Itália de então, Maquiavel via na política o espaço de onde a vida se origina na dialética interrompida entre ordem e conflito, não uma contra o outro, mas uma dentro do outro. Ordem conflituosa e conflito ordenado representam, para ele, os dois lados de uma potência vital que se torna instituição não apenas nos órgãos estatais, mas também em todas as relações sociais. Leis, armas e religiões são as instituições originárias das quais nascem todas as outras, antes de ingressarem no Estado. Elas continuam a produzir política não só antes, mas também depois que o Estado está formado.

Encerrada a experiência comum com a constituição dos Estados absolutos, não mais que ocasionalmente, e por raros momentos, o paradigma instituinte reapareceu superficialmente na história moderna. Após a temporada de revoluções, uma retomada dela é reconhecível no fim da Segunda Guerra Mundial. Uma primeira vez, quando algumas constituições foram escritas, incluindo a italiana, e colocadas em Ventotene as bases da União Europeia. E uma segunda, nos 30 anos sucessivos, todas as vezes em que sindicatos de operários desempenharam a função de "tribuna" evocada por Maquiavel no interior das instituições republicanas. Eles

[47] BALIBAR, Étienne. *L'Europe, l'Amérique, la guerre*. Paris: La Découverte, 2003. [Trad. it.: *L'Europa, l'America, la guerra*. Roma: manifestolibri, 2003. p. 111-117.]

atuaram colocando em relação e em tensão os campos da política, da economia e da sociedade, fazendo do trabalho e dos direitos civis uma questão política, e da política uma questão social. Esse mesmo período glorioso se encontra hoje atrás de nós, como todo o século XX,[48] sem ter deixado herdeiros dignos desse nome. Isso requer um novo compromisso instituinte ao longo de duas linhas diferenciadas, mas convergentes na mesma direção. Em ambos os casos, elas unem interior e exterior, sem apagar sua distinção.

A primeira linha é a que trata da relação entre instituições públicas e instituições privadas, de alguma forma dialetizadas sob a categoria de "comum". Como argumentaram Pierre Dardot e Christian Laval em um livro rico de referências ao paradigma instituinte, não devemos entender por "comum"[49] um bem ou um conjunto de bens, nem mesmo uma comunidade de alguma forma declinada. Comum é a forma cooperativa da práxis instituinte como criação, ao mesmo tempo social, jurídica e política, de novos processos instituintes, dotados de uma duração temporal através de associações, organizações e redes destinadas a ampliar o círculo da inclusão social em todas as áreas.

A segunda linha, ainda a ser ativada, é a que se dá entre organizações políticas de diferentes países – em

---

[48] Ver: TRONTI, Mario. *Dello spirito libero: frammenti di vita e di pensiero.* Milano: il Saggiatore, 2015.

[49] Ver: DARDOT, Pierre; LAVAL, Christian. *Commun: essai sur la révolution du XXIe siècle.* Paris: La Découverte, 2014. [Trad. it.: *Del Comune, o della Rivoluzione nel XXI secolo.* Prefazione di S. Rodotà. Postfazione di A. Ciervo, L. Coccoli e F. Zoppino. Roma: DeriveApprodi, 2015.

nosso caso, sobretudo, no espaço europeu –, unidas por objetivos comuns de caráter civil, social e ambiental. Também, nesse caso, mais que de instituições existentes – partidos, sindicatos e grupos parlamentares –, trata-se de instituir novos órgãos capazes de assumir o lugar das famílias políticas esgotadas do século XX, ou seja, liberais, populistas e socialistas, que ainda têm assento no Parlamento Europeu. Nenhuma destas parece ser capaz de enfrentar os desafios a que somos chamados. Também do lado de cá, a pandemia em curso constitui um banco de provas decisivo não só para as instituições nacionais e transnacionais, mas também para o pensamento instituinte que está amadurecendo em vários epicentros da reflexão contemporânea.

V

Instituições e biopolítica

Biopolítica

Voltemos, ao fim de nossa viagem, ao lema *vitam instituere*, com o qual a iniciamos. O que significa instituir a vida? A vida se deixa instituir? Ou é ela que penetra na esfera das instituições, regenerando-as? O que está em discussão, nessas perguntas, é evidentemente a relação entre vida e política, que vem sendo há algum tempo rubricada com o termo "biopolítica". Mas, precisamente em relação a ela, surge uma indagação que convoca o pensamento político contemporâneo. Como se relacionam – e, antes disso, são compatíveis – os paradigmas de instituição e biopolítica, ou se voltam a léxicos conceituais extremamente heterogêneos para poderem se integrar? Eu, pessoalmente, acredito que atuar em sua interseção seja não apenas possível, mas também necessário. Afinal, a atual pandemia, que representa inevitavelmente o pano de fundo de tais reflexões, convoca-nos à necessidade desse olhar bivalente.

Que a pandemia se situe em um horizonte biopolítico está diante dos olhos de todos. Política e vida jamais entrelaçaram suas órbitas como no ano passado, com resultados altamente problemáticos e ainda incertos. Porque foi a vida biológica de populações inteiras que foi colocada em questão pelo vírus. É indiscutível que não se trata apenas disso, visto que outra coisa também está em jogo: a comunidade, a liberdade, a economia. Resta o fato de que a covid-19 atacou, antes, nossa sobrevivência, determinando uma série de medidas de tipo claramente biopolítico. As medidas imunológicas que foram adotadas mais cedo ou mais tarde em todo o mundo, em nível médico e social, têm essa tonalidade. Na verdade, podemos dizer que nunca como em tal circunstância foi revelado, em sua forma mais aclamada, o núcleo imunológico da biopolítica contemporânea. O mesmo estado de emergência, ou de exceção, de que tanto se falou, às vezes com muitos exageros, leva ao mesmo paradigma: o que permite medidas *extra legem* só pode ser a defesa da vida.

Contudo, o caráter biopolítico da crise pandêmica não excluiu, aliás solicitou, a intervenção das instituições em uma prova árdua que não as deixou inalteradas. Só isso já reivindica uma práxis instituinte digna da situação. Se, e em que medida, será realmente ativada ainda é muito cedo para dizermos. A realidade é que, das menores às maiores – da autoridade de saúde local à União Europeia –, todas as instituições envolvidas produziram mudanças em suas estruturas. Em suma, no plano real, biopolítica e instituições formam os lados complementares de um mesmo processo. No entanto, se nos fatos os dois paradigmas são mantidos firmemente, no âmbito teórico sua integração parece menos fluida. Resta a percepção de uma distância, de um desnível, que parece afastar em pensamento o que está perto na realidade. No contexto das categorias, biopolítica e instituições pertencem a duas semânticas não apenas diferentes, mas também, pelo menos aparentemente, estranhas.

De onde vem esse sentimento de heterogeneidade? Partamos de uma definição difundida. Costuma-se dizer que por "biopolítica" se compreende uma implicação direta entre política e vida biológica que foge das mediações institucionais. Na verdade, as coisas são mais complexas, no sentido de que todo imediatismo, para perdurar no tempo, ainda deve sempre passar por uma forma de institucionalização. E, de fato, isso acontece em todos os procedimentos biopolíticos, inclusive no de emergência, do estado de exceção, ele também necessariamente aplicado por meio de certos dispositivos institucionais.

Que isso não seja totalmente evidente, ou que permaneça até mesmo na sombra, provavelmente deriva de uma lacuna conceitual entre o léxico biopolítico e o léxico institucional, originado do modo como Foucault elaborou o conceito de "biopolítica". Sem que possamos aqui reconstruir nem mesmo em linhas gerais suas abordagens, podemos dizer que sua "alergia" teórica à gramática institucional surge do tom predominante antijurídico de toda a sua obra, especialmente à época da virada biopolítica. Já nas páginas finais de *A vontade de saber*, que introduzem a nova categoria, Foucault escreve que "a existência em questão não é mais aquela jurídica da soberania, mas a biológica de uma população".[50]

[50] FOUCAULT, Michel. *La Volonté de savoir.* Paris: Gallimard, 1976. [Trad. it.: *La volontà di sapere.* Milano: Feltrinelli, 1978. p. 121.]

Como sempre, sua perspectiva é alegremente ambivalente. Se, por um lado, as críticas ao dispositivo soberano entram em sintonia com o pensamento instituinte, por outro, o distanciamento da dimensão jurídica também acaba arrastando as instituições para um cone de sombra.

Como afirma Foucault no mesmo texto, até o esgotamento do regime soberano, o biopoder não mais se relaciona com sujeitos de direito, mas com seres viventes, moldados, em nível individual, pelas disciplinas e, em nível público, pelo controle social. Essa transição de fase é marcada pela substituição do sistema jurídico da lei pelo dispositivo, efetivamente biopolítico, da norma. Isso não significa que as instituições de justiça desapareçam, mas que se integram cada vez mais numa série de aparelhos, médicos e administrativos, cujas funções, mais que sancionadoras, são sobretudo normalizadoras. Nesse sentido – continua Foucault –, estamos diante de uma regressão da dimensão jurídica. Legislações, constituições e códigos resultantes da era da Revolução têm a função de esconder, atrás de suas exibições barulhentas, um poder essencialmente regulador. Desde então, "é a vida, muito mais que o direito, que se tornou a aposta das lutas políticas, mesmo que estas se formulem por meio de afirmações de direito".[51]

O que chama a atenção, nessas expressões, é uma disjunção, se não uma oposição, entre a esfera da vida e a do direito, de alguma forma contraditória ao próprio paradigma de biopolítica. No momento em que a política afeta diretamente a vida biológica, potencializando seu desenvolvimento, os dispositivos jurídicos da lei

---

[51] FOUCAULT. *La volontà di sapere*, p. 128.

tendem a ser substituídos por aqueles, mais dúcteis e invasivos, das normas. Mas, poderíamos objetar, onde mais as normas são colocadas, senão no quadro móvel das instituições, ou da administração, da educação, da saúde, da família, da religião e da sexualidade? O problema obviamente está na definição, mais ou menos ampla, de "instituição". Sem entrar em muitos detalhes, podemos dizer que, entre as duas polaridades da soberania e da vida, as instituições são por Foucault associadas à primeira em oposição à segunda. Apesar da virada biopolítica, ou precisamente em razão dela, em suma, ele não investiga o lugar em que as instituições cruzam com a vida. Elas a controlam, supervisionam-na, selecionam-na, mas não a potencializam. Assim como, do outro lado do tabuleiro, a vida não nutre as instituições, abandonando-as ao seu círculo fechado.

Há alguma coisa, nessa separação, que se choca com o próprio conceito de "biopolítica", colocando-o em certa distonia com uma condição contemporânea que também, por outro lado, interpreta totalmente. Poderíamos dizer que desde sua elaboração originária o conceito contém um elemento de ambivalência, e de irresolução, que diz respeito justamente à definição de "vida" em sua relação com a de "política". Minha impressão é que Foucault não pensou nas duas polaridades da "biopolítica" – o *bíos* e a política – como um só bloco semântico, mas separadamente, para, posteriormente, juntá-las de uma forma que acaba por se sobrepor, e por isso também submeter, uma à outra. Ou a vida é capturada por um poder destinado a exercer violência sobre ela, ou é a política que é deformada e, em última análise, superada por uma vida intolerante a qualquer vínculo formal. São precisamente as duas derivas a que, na elaboração posterior à de Foucault, o paradigma de biopolítica permaneceu exposto. Este é, ao mesmo tempo, causa e efeito da ruptura conceitual entre vida e instituição. O que as separa drasticamente é a figura do poder. No momento em que este parece tomar posse das instituições, utilizando-as para o controle e o domínio sobre a vida, esta não pode senão combatê-las cara a cara. Mas, agora, e sem margens, o fluxo da vida também corre o risco de perder, com a relação com as instituições, também a ligação com a política.

Depois do nascimento

O ponto cego da filosofia política contemporânea se situa no não encontro entre instituições e vida: a inapreensão do *institutio vitae* impresso no ingresso da civilização jurídica ocidental. Se, como vimos, para Foucault, a vida só pode se expandir fora da jaula opressiva das instituições, para Hannah Arendt, pelo contrário, elas são protegidas da pressão da vida. Porém, temos de reconhecer que o arendtiano é o pensamento instituinte mais intenso do século XX. Todas as pesquisas da pensadora convergem no esforço de construir instituições políticas capazes de resistir ao impacto do tempo. No entanto, fora do regime soberano aceito, por outro lado, como pressuposto indiscutível por grande parte do pensamento político moderno.

É justamente sobre esse excedente que podemos medir a originalidade de sua perspectiva em relação ao quadrante filosófico circundante; bem como sua discrepância com a semântica biopolítica, que Arendt assume, mas, por assim dizer, em negativo, não do lado de sua oportunidade, mas do lado de seus riscos. Mais que nunca distante do paradigma hobbesiano da ordem, a filósofa nem mesmo se reconhece no paradigma de governo, ainda atribuível a um registro monístico. Quando, em contrapartida, a ação política, de acordo com ela, articula-se em uma ampla rede de instituições irredutível a um único ponto de comando. Alheia a todas as teorias contratualistas – incluindo a democrática de Rousseau – que pressupõem a homogeneidade do povo, Arendt se reconhece mais no princípio da separação de poderes que de Montesquieu chega ao federalismo norte-americano. Para evitar um acúmulo excessivo de poder, as instituições devem ser múltiplas e diferentes entre si.

Mas, mais que aos mecanismos institucionais, ou a instituições individuais, a atenção de Arendt está voltada ao princípio instituinte enquanto tal. Se o federalismo norte-americano resistiu por mais tempo em comparação com as nações europeias à despolitização montante, é porque os pais fundadores colocaram o princípio da legitimidade no próprio ato da fundação, salvaguardando a ligação entre permanência e mudança a que se refere o significado intrínseco das instituições. Embora a constituição norte-americana, a certa altura, tenha cedido ao retorno da soberania, é o efeito de uma onda regressiva que, segundo a autora, investe toda a política moderna. Nenhuma experiência política parece se salvar, em sua interpretação, de um julgamento negativo.

Tal impasse é o resultado da quebra de equilíbrio entre instituinte e instituído em favor do primeiro termo: para Arendt, a política coincide, nesse ponto, com a criação do *novum*, perdendo toda forma de estabilidade em uma proliferação contínua de começos. Nenhuma das características que ela confere à ação política – pluralidade, irreversibilidade, novidade – é capaz de garantir sua permanência no tempo. A lógica instituinte é tão radicalizada que concentra toda a ação política no instante de sua gênese. Dos dois significados do termo grego "*archein*" – "iniciar" e "comandar" –, apenas o primeiro é valorizado, correspondente ao latino "*agere*": "Uma vez que são *initium*, recém-chegados e iniciadores graças ao nascimento, os homens tomam a iniciativa, estão prontos para a ação".[52] Essa potência instituinte caracteriza a história, que "tem muitos começos, mas nenhum fim";[53] mas também, e ainda mais, a ação política, "sempre essencialmente o início de algo novo".[54]

No entanto, o nascimento de que Arendt fala não é o biológico, inevitavelmente direto, como todo o curso dos processos naturais, em direção à morte. Mas, ao contrário, o ato de renovação radical que foge do ciclo natural, inaugurando uma experiência de caráter simbólico. Como argumenta o psicanalista e historiador do direito Pierre Legendre – que colocou o lema *vitam instituere* na fonte da história ocidental –, trata-se de um segundo nascimento, que não só difere do primeiro,

---

[52] ARENDT, Hannah. *The Human Condition*. Chicago, Ill.: The University of Chicago Press, 1958. [Trad. it.: *Vita activa*. Milano: Bompiani, 1964. p. 128.]

[53] ARENDT, Hannah. Understanding and Politics. *Partisan Review*, v. 20, n. 4, p. 377-392, 1953. [Trad. it.: Comprensione e politica. *In*: *La disobbedienza civile e altri saggi*. Milano: Giuffrè, p. 107.]

[54] ARENDT. Comprensione e politica, p. 107. A propósito de tudo isso, ver: FORTI, Simona. *Hannah Arendt tra filosofia e politica*. Milano: Bruno Mondadori, 2006.

mas também concentra seu significado exatamente nessa diferença.[55] Disso decorre um contraste de princípio entre instituição e vida biológica.

É evidente a distonia que separa a perspectiva de Arendt da de Foucault. Diferentemente dele, a vida biológica, para a filósofa, engloba a política apenas para destituí-la. Assim como a política permanece enquanto tal somente até o momento de ser incorporada pela vida biológica. Podemos dizer que uma começa onde a outra acaba e vice-versa. Política é a atividade humana subtraída da urgência das necessidades da vida, a ponto de se enrijecer quando invadida por ela. É o que aconteceu com a Revolução Francesa, levando-a rumo à deriva autodestrutiva, evitada, em contrapartida, por aquela norte-americana, não sobrecarregada pela pressão das necessidades naturais e permanecida interna à dialética institucional. Diferentemente dos revolucionários norte-americanos, desde o início voltados "ao estabelecimento da liberdade e à fundação de instituições duradouras",[56] os jacobinos franceses cedem à chantagem da necessidade biológica, ao mesmo tempo que sacrificam a política e as instituições. Desde então

---

[55] Ver: LEGENDRE, Pierre. *Sur la question dogmatique en Occident: aspects théoriques*. Paris: Fayard, 1999. [Trad. it.: *Il giurista artista della ragione*. A cura di Luisa Avitabile. Torino: Giappichelli, 2000. p. 23.] De Pierre Legendre, sobre o tema, ver também: *De la Société comme Texte: lineaments d'une Anthropologie dogmatique*. Paris: Fayard, 2001 [trad. it.: *Della società come testo: lineamenti di un'Antropologia dogmatica*. A cura di P. Heritier. Torino: Giappichelli, 2005]; *Sur la question dogmatique en Occident*. Paris: Fayard, 1999-2006. 2 v.; *Dogma: instituer l'animal humain. Chemins réitérés de questionnement*. Paris: Fayard, 2017.

[56] ARENDT, Hannah. *On Revolution*. New York: Viking, 1963. [Trad. it.: *Sulla rivoluzione*. Milano: Comunità, 1983. p. 98.]

podemos dizer que vida biológica e práxis instituinte, em vez de se fecharem em um círculo virtuoso, crescem uma no reverso da outra, negando-se mutuamente.

Na origem dessa separação está a concepção cristã da sacralidade da vida, transformada no bem supremo em relação ao qual tudo é sacrificado. Essa primazia também é preservada após a secularização moderna, que substitui a sobrevivência do corpo individual pela duração do corpo político. Desse modo, o que é mais mortal – a vida individual – é elevado ao posto mais alto, ocupado durante um período pela cidade e por suas instituições. Com o processo de socialização iniciado na modernidade tardia, a vida individual se torna, depois, parte integrante de um único fluxo natural, coincidente com o desenvolvimento da espécie humana como um todo. É então que todas as atividades humanas, previamente distintas entre si, são mobilizadas em defesa desse único processo de vida, com um efeito de despolitização que afeta toda a sociedade.

A Revolução Francesa, na qual geralmente identificamos o início da política moderna, está, na realidade, envolvida nessa dinâmica regressiva que substitui a busca por liberdade pela preocupação com a sobrevivência. Nessa troca entre liberdade e vida, o princípio do político é precisamente o que é destruído, assim como as instituições em que ele se incorpora. Desde então a vida biológica se torna a maré incontrolável na qual a ação política afunda. Mais uma vez, em suma, instituições e vida se tornam incompatíveis, enfrentando-se em uma luta que submete um termo ao domínio do outro, ainda que a partir de seus contrários. Enquanto Foucault critica as instituições por serem repressoras do livre curso da vida, Arendt identifica na vida biológica a força irresistível que perturba as instituições, entregando-as à violência.

Direito impessoal

Como reconstituir a conexão entre instituições e vida, superando o bloqueio, teórico e político, que ao longo de todo o século XX impediu sua articulação? Comecemos pelo primeiro lado da questão, ou seja, pela exigência, muitas vezes convocada, de "dar vida" às instituições. No sentido não só de instituí-las, mas também de vivificá-las.

Na verdade, a ideia de um "direito vivente",[57] que não se limita a governar a vida, mas a inclui em seus próprios procedimentos, não é totalmente nova. Se sua convocação remonta às origens de nossa tradição, isto é, à tragédia grega e à filosofia pré-platônica, a fórmula aparece na cultura jurídica europeia no início do século passado, especialmente na elaboração de Eugen Ehrlich.[58] Para esse sociólogo do direito, o "direito vivente" não nasce da ciência jurídica, ou dentro das legislações, mas da concretude da vida social. Nesse sentido, a expressão "*corpus iuris*" deve ser interpretada literalmente: não como um conjunto de leis a serem aplicadas ao corpo social, mas como uma personificação do fato social no interior do direito. Assim compreendida, a vida *do* direito também é vida *no* direito.

---

[57] Ver, a propósito: RESTA, Eligio. *Diritto vivente.* Roma-Bari: Laterza, 2008.

[58] Ver, sobretudo: EHRLICH, Eugen. *Grundlegung der Soziologie des Rechts.* Berlim: Duncker & Humblot, 1913. [Trad. it.: *I fondamenti della sociologia del diritto.* A cura di Alberto Febbrajo. Milano: Giuffrè, 1976.]

Ehrlich não se limita a afirmar sua historicidade, segundo a escola de Carl von Savigny, mas imprime na história o movimento da vida. Daí a polêmica que o opõe a Hans Kelsen. Enquanto este, identificando direito e Estado, pressupõe a unidade da forma jurídica, Ehrlich parte da pluralidade das experiências jurídicas concretas, sem levá-las a um único ordenamento. A importância dada à constituição vai na direção, por assim dizer existencial, de formas de vida instituídas que antecedem a lei.

No que diz respeito ao formalismo de Kelsen, constituição é dimensão concreta, vital, efetiva, que preexiste a cada jurisdição, moldando-a com base em instâncias extrajudiciais. Há situações factuais – como a convivência de um casal não casado ou a presença em determinado território de trabalhadores estrangeiros sem visto de permanência – que de alguma forma reivindicam um direito, sem ainda estarem juridicizadas. Naturalmente, não é uma certeza que assim se tornem, passando de uma condição não jurídica a uma jurídica, mas depende do confronto, ou do choque, entre interesses opostos. Por isso o direito vivente é sempre potencialmente até mesmo conflitual: luta *no* direito e *pelo* direito. O direito luta dentro e fora de suas fronteiras, para alargar seu raio de ação a áreas anteriormente excluídas.

Essa tendência includente do direito vivente – e das instituições em que ele se condensa – também levou a se falar, como vimos no capítulo anterior, de "direito comum", ou "direito do comum".[59] Se sua definição

---

[59] Ver: CHIGNOLA, Sandro (org.). *Il diritto del comune: crisi della sovranità, proprietà e nuovi poteri costituenti*. Verona: Ombre Corte, 2012.

afirmativa permanece problemática, a negativa é mais fácil. Ele não é o simples prolongamento do direito público nem o puro oposto do direito privado. No entanto, não deve ser entendido nem mesmo como um ponto de mediação entre um e outro. Para apreender sua essência, é necessário ativar um olhar longitudinal que vai além da dicotomia canônica entre público e privado. E, antes disso, o próprio léxico jurídico, seguindo em uma direção aparentemente fora da linguagem do direito. Isso é necessário porque "direito" e "comum" são, em princípio, termos contraditórios, já que o direito está, enquanto tal, exterior à semântica da comunidade e inscrito, em contrapartida, na semântica da imunidade.

Não é à toa que Luhmann o chamou de "subsistema imunitário" dos sistemas sociais. Imunitário no sentido de que serve para salvaguardar a sociedade da violência mútua apenas ameaçando ativar, por sua vez, uma sanção violenta. Como acontece em todo procedimento imunitário, protegemo-nos de um mal assimilando uma parte sustentável dele. Porém, o direito também é um dispositivo imunitário, porque, mesmo que queira ser o mais inclusivo possível, pressupõe necessariamente a possibilidade da exclusão. Um direito comum, realmente de todos, não seria, estritamente falando, direito. Para que os sujeitos que gozam dele possam percebê-lo como tal – como direito, não como dado de realidade –, devem pressupor, em qualquer caso, que alguém possa não gozar dele. Em um nível lógico, apenas a exclusão, real ou possível, dá sentido à inclusão. E, no plano histórico, que um direito tenha sido concedido em um dado momento, ou conquistado, significa que sempre pode ser perdido, se as forças que o impuseram forem submetidas a outras forças, contrárias, que exigem sua revogação.

Isso explica por que, por mais que tentemos compreender, torna-se muito complicado identificar, ou apenas prefigurar, um "direito comum". Porque ou é direito, isto é, um conjunto de prerrogativas de uns em relação a outros, ou é comum, isto é, destruidor de qualquer prerrogativa especial. Com a expressão "direito comum", naturalmente, também podemos entender, mais modestamente, a ampliação de um espaço jurídico ou, vice-versa, a redução da exclusão. Pensemos, por exemplo, na concessão de cidadania a um grupo de estrangeiros residentes em determinado território; a um grupo, de fato, com base em certas condições, e jamais a todos. Desse ponto de vista mais circunscrito, é possível atuar, de um lado, promovendo a auto-organização institucional dos movimentos, de outro, trabalhando para a constitucionalização de processos sociais originalmente não constitucionais.

A premissa de ambos os procedimentos é constituída por uma prática governamental que coloca no centro de seu compromisso necessidades de natureza social, ambiental e sanitária que sejam do interesse do maior número possível de sujeitos. Os terrenos sobre os quais se pode atuar são muitos: desde a redistribuição de recursos para a construção de ecossistemas protegidos à reconstrução da saúde pública, ao fortalecimento do setor escolar e de pesquisa. Trata-se de relançar, mas também de mudar profundamente a lógica do *welfare* após seu desmonte neoliberal entre os anos 1970-1980. Mas com a diferença de estender, em comparação com o *welfare* clássico, seu alcance a um quadro não mais limitado ao horizonte do Estado, hoje insuficiente.

Volta à cena o pluralismo institucional e, ainda antes disso, o chamado a uma práxis instituinte flexível e descentralizada, consciente dos conflitos que dividem a sociedade, pronta para participar dela. Isso significa assumir, dentro e fora das instituições, uma posição política. Um direito que se define como "comum" não pode senão mergulhar no choque de interesses opostos, tomando parte de uns contra os outros. Os direitos não habitam uma esfera superior, para em seguida serem rebaixados às jurisdições. Não estão fora da história – na natureza ou na mente do legislador – à espera de serem historicizados. São os pontos de tensão interna do sistema jurídico que em determinado momento rompem seus vínculos formais, instituindo efetivamente um novo sistema, destinado ele também a se transformar sob a pressão de futuros pontos de insurgência.

Talvez, para identificar as linhas de contato entre instituições e vida, em vez de "direito comum" deveríamos falar de "direito impessoal". Já vimos como a nova práxis instituinte abandona o léxico jurídico da pessoa, seja em nível individual, seja em âmbito estatal. Superar a dicotomia moderna entre direito público e direito privado rumo a uma nova semântica jurídica pressupõe o abandono ou, pelo menos, uma forte reformulação do léxico personalista tradicional. Desse ponto de vista, o termo "impessoal" pode ser mais adequado que "comum", para marcar uma mudança de rumo em direção a um novo direito, nem público nem privado.

A filosofia do impessoal reconhece seu próprio momento genético nas reflexões de Averróis sobre o intelecto possível, precisamente colocado para fora da mente individual, em um espaço aberto a toda a comunidade dos homens. Autores como Bruno, Espinosa e Schelling, até Foucault e Deleuze, retomam, cada um a seu modo, tal perspectiva, numa linha que encontrou precisamente na Itália um desenvolvimento nos últimos anos.[60] Por fim, essa reflexão foi retomada e originalmente desenvolvida pelo historiador do direito romano Aldo Schiavone, em um livro de fôlego, dedicado à categoria de "igualdade".[61] Sua tese subjacente é que chegou a hora de separá-la da forma, histórica e antropológica, da individualidade que caracterizou toda a modernidade, sem, contudo, desequilibrá-la em direção a uma noção coletivista de "socialidade". Também porque, como nos ensinou Simone Weil, talvez a maior pensadora do impessoal, o social nada mais é que a projeção massificada do individual, do qual compartilha o sistema paradigmático.[62]

O eu e o nós – ambos primeira pessoa, singular e plural – são agora substituídos pela terceira pessoa do ele, ou do isso, que, como aponta o grande linguista Émile Benveniste, é precisamente a não pessoa ou a pessoa do impessoal. Sem poder aprofundar a questão como mereceria, é evidente o ponto que liga essa referência à

---

[60] Ver: ESPOSITO, Roberto. *Terza persona: politica della vita e filosofia dell'impersonale.* Torino: Einaudi, 2007; *Due: la macchina della teologia politica e il posto del pensiero.* Torino: Einaudi, 2016; PETRINI, Enrica Lisciani. Fuori dalla persona. L'"impersonale" in Merleau-Ponty, Bergson, Deleuze. *Filosofia Politica*, n. 3, p. 393-409, 2007.

[61] Ver: SCHIAVONE, Aldo. *Eguaglianza: una nuova visione sul filo della storia.* Torino, Einaudi, 2019, especialmente p. 271 em diante.

[62] Ver: FULCO, Rita. *Soggettività e potere: ontologia della vulnerabilità in Simone Weil.* Macerata: Quodlibet, 2020.

modalidade da práxis instituinte, retirada da máquina do sujeito-pessoa a favor de uma forma de subjetividade de natureza transindividual. Claro que traduzir esse direito impessoal em instituições que colocam no centro a criação de uma igualdade efetiva, imaginar o estatuto de instituições impessoais, porque exteriores ao léxico jurídico de pessoa, não é fácil. Mas é através desse cume estreito que passa uma nova interrogação sobre o caráter, ao mesmo tempo, universal e comum da justiça.

Instituir a vida

A revitalização das instituições, no entanto, apreende apenas um aspecto da questão. Ela envolve o primeiro lado da relação, possível e necessária, entre instituições e vida, isto é, da carga energética que as instituições podem, e cada vez mais devem, absorver da vida. Esse primeiro lado, porém, cruza-se com outro, relativo à instituição da própria vida,[63] ao traço institucional que desde a origem investe o *bíos*. Já no lema *institutio vitae* do qual partimos, a vida, além de sujeito, é também objeto de instituição, ao mesmo tempo instituinte e instituída. Decorre daí o retorno à referência à biopolítica. O próprio fato de falar de *bíos* – e não de *zoé*, não de pura matéria viva – significa que a vida humana é desde o início, e em todos os casos, instituída, ou seja, inscrita em um tecido histórico e simbólico do qual não pode prescindir. A instituição da vida – sua localização num dado horizonte de sentido – não é uma

[63] Ver: STOPPA, Francesco. *Istituire la vita: come riconsegnare le istituzioni alla comunità*, Milano: Vita e Pensiero, 2014; WORMS, Frédéric. *Pour un humanisme vital: lettres sur la vie, la mort et le moment présent*. Paris: Odile Jacob, 2019.

opção subjetiva em nossa disponibilidade, mas um fato que qualifica desde sempre a vida humana em comparação com outras espécies viventes. Como já foi dito, cada vida está suspensa entre dois nascimentos, ligados, mas não sobrepostos: o primeiro de tipo biológico e o segundo de natureza simbólica, coincidente com o uso da linguagem.

Além disso, já na origem da ciência biológica, o fisiologista francês Marie François Xavier Bichat falou de duas vidas no interior da vida humana: uma irrefletida e puramente reprodutiva e outra de relação, qualificada para funções superiores. Embora a primeira prevaleça quantitativamente sobre a segunda, sem esta última nossa vida não seria humana, perderia seu elemento qualificador, deslizando em uma camada vital indistinta. Por isso o lema "vida nua", *blosse Leben*, não deve ser entendido como uma coisa real, ou apenas possível, mas como um ponto lógico necessário para identificar por diferença a vida qualificada; não diferentemente do conceito, igualmente indetectável na realidade, de "estado de natureza", que serviu para definir, por contraste, o estado civil. Como jamais houve um homem puramente natural, não existe – nem mesmo na situação extrema dos campos de extermínio – uma vida inteiramente despojada de suas características formais. Mesmo se reduzida aos termos mínimos, exposta à morte iminente, até que se extinga, ainda é uma forma de vida.

Não é à toa que a expressão "vida nua" jamais foi usada por Foucault, cujo conceito de "biopolítica", apesar das tensões a que foi subsequentemente submetido, sempre mantém uma âncora para a dimensão histórica. Isso não significa que, mesmo na categoria de "biopolítica", especialmente em algumas das interpretações mais influentes, permaneça um descompasso, uma espécie de não dito que diz respeito à própria noção de "vida". Trata-se de uma possível deriva que sobrepõe a vida a si mesma, deixando-a desprovida de determinações históricas e institucionais. Sabemos que em determinado momento da análise de Foucault vemos um lampejo sobre a inversão da biopolítica em uma forma de "tanatopolítica", cujo ponto mais extremo é reconhecível no nazismo. Mas, se lermos com atenção suas páginas, o êxito mortal levado ao ápice pelo nazismo não está determinado por uma retirada da vida, ou do limite que a mantém dentro de certos limites, mas, ao contrário, de seu desencadeamento para além de todo limite. Não por acaso o nazismo sempre pretendeu alcançar o primado absoluto de uma vida retirada de qualquer condição e coincidente com uma força irresistível. Agora é essa extrema vontade de vida, emancipada da forma e coincidente com uma força, que se inverte em seu oposto. No momento em que a vida é absolutizada a ponto de não querer mais nada de si, superando todas as diferenças dentro de si, acaba destruindo tudo o que imagina que se opõe a ela e, enfim, também a si mesma.

Podemos até dizer, firmando os laços de nosso discurso, que tal êxito catastrófico seja o resultado da ruptura entre vida e instituição, ou seja, entre vida como força e vida como forma. Uma vida completamente desinstitucionalizada, absolutamente coincidente consigo mesma, destina-se, cedo ou tarde, a implodir por excesso de imanência, como já argumentado, em frentes opostas, por Heidegger e Lévinas. O que é o racismo, por outro lado, senão uma ideia de vida esmagada sobre a dimensão corpórea ou baseada na cor da pele? Dessa possível deriva biológica temos mais de um exemplo na história moderna e contemporânea. Não foram travadas em nome da vida todas as guerras expansionistas dos últimos dois séculos, isto é, por aquele "espaço vital" invocado por todas as formas de colonialismo europeu, antes de terem sido travadas pela ideologia nazista, levando ao genocídio? E não são também os atuais desastres ambientais devidos a um antropocentrismo desenfreado que, sempre em nome da vida humana, sacrifica a do mundo? A grande filosofia europeia correu esse risco, embora sem sempre conseguir se manter longe dele.[64] "Vontade de vida" foi a palavra de ordem que, embora de forma diferente declinada, uniu ao longo de um mesmo eixo de rolagem as filosofias de Schopenhauer e de Nietzsche, arriscando em ambos os casos levar ao seu oposto. No ápice de uma vida absoluta, livre de todos os limites, não pode haver senão o refluxo em direção à morte.

Quem foi mais longe no reconhecimento dessa evidência, permanecendo quase oprimido, foi Freud. Projetando o olhar para além do princípio do prazer, abriu uma fenda no saber moderno da vida em que hesitou entrar até o último instante. Mas quando, no mesmo texto, concluiu que as sentinelas da vida coincidem com os guardiões da morte, a trama inextricável entre uma e outra veio à luz com lampejos sinistros. O mesmo *élan vital* de Bergson, que representa o ápice

[64] Ver o importante livro de TARIZZO, Davide. *La vita: un'invenzione recente*. Roma; Bari: Laterza, 2010.

do vitalismo do século XX, alimenta-se de mortes individuais, funcionais ao fluxo geral da vida. Viventes e morrentes penetram uns nos outros em um único processo vital que, dada a matéria de que se alimenta, pode ser definido ao mesmo tempo como mortal.

Esse é o êxito de uma afirmação da vida que, não reconhecendo o negativo que a habita, acaba sendo sugado por ela. Uma vida privada de dobras, escansões e diferenças que marcam seu ritmo, correndo o risco de se precipitar em um redemoinho sem margens. De resto, o pensador que levou o processo vital bergsoniano ao ponto de ebulição máxima, atingindo uma espécie de imanência absoluta – refiro-me a Deleuze –, foi forçado a reconhecer no fluxo do desejo linhas de morte e destruição que o votam contra a própria vida da qual brota.

Ao contrário do quanto se crê, há uma relação obscura entre vitalismo extremo e pensamento de morte, como se um dos termos constituísse o fundo sobre o qual o outro se separa. Mesmo Foucault, antes de empreender sua análise biopolítica, reconheceu que "é do fundo da vida que a morte chega aos viventes".[65]

Para essa vida absoluta – inteiramente imanente a si mesma –, o pensamento instituinte se opõe ao caráter simbólico de uma existência humana inscrita no tecido de sua própria historicidade. Se nas páginas anteriores evocamos a categoria do "impessoal", necessária para desconstruir a metafísica da pessoa, agora o acento é

---

[65] FOUCAULT, Michel. *Les mots et les choses: une archéologie des sciences humaines*. Paris: Gallimard, 1966. [Trad. it.: *Le parole e le cose: un'archeologia delle scienze umane*. Milano: Rizzoli, 1998. p. 300.]

colocado na diferença, e na distância, que faz de toda vida alguma coisa de irredutivelmente singular: *uma* vida, *aquela* vida. "Impessoal" não significa "indiferenciado", pelo contrário, nasce justamente da valorização das diferenças. Para assim permanecerem, elas precisam de instituições que as protejam da difusão dos fluxos globais e dos dispositivos automáticos. Trata-se de reconectar a função da vida à sua forma instituída, entendida como o modo, sempre singular, de conduzir cada vida singular. Os últimos escritos de Foucault sobre o governo de si parecem seguir essa trilha, orientando a própria biopolítica numa direção instituinte ausente nos textos anteriores. É como se, depois de ter ligado a vida à semântica da força, segundo uma inspiração nietzschiana, voltasse a se manifestar no pensamento de Foucault uma exigência de forma, a necessidade de que cada um possa instituir pelo menos a própria vida.

Parece-me que a tarefa da filosofia contemporânea, caso haja uma, seja a seguinte: não opor, ou substituir, o paradigma instituinte ao biopolítico, mas integrá-los em uma maneira produtiva para ambos. Nunca como hoje o canteiro de obras da biopolítica, aberto por Foucault em meados dos anos 1970, manifesta sua própria habilidade hermenêutica na interpretação da fenomenologia contemporânea. Mas a categoria de biopolítica precisa ser submetida a um novo pensamento que supere sua lacuna latente entre o que parece ser, para uns, o poder absoluto sobre a vida e, para outros, uma vida livre de todo poder. O pensamento instituinte pretende recompor essa fratura, filosófica antes que política.

Desde sua primeira aparição, a categoria de biopolítica tem sido associada à queda de mediações institucionais em favor de uma implicação direta entre política e vida. No entanto, tal definição pressupunha, por um lado, o caráter estático de instituições incapazes de incorporar os processos vitais; por outro, uma noção de "vida" refratária a se reconhecer em sua dupla dimensão, instituinte e instituída. Daí o contraste, no vazio de instituições viventes, entre uma política opressiva da vida e uma vida incapaz de se cruzar com a política. Apenas considerando a vida já desde sempre formada, as instituições saberão incorporar sua força vital. Só assim força e forma, vida e instituições, natureza e história reconhecerão sua unidade originária. E só então o enigmático lema *vitam instituere* revelará algo de seu significado ainda oculto.

Epílogo

Vamos tentar recapitular tudo o que foi escrito até aqui. Como toda pesquisa genealógica, a nossa também se moveu entre os dois polos da atualidade e da origem, fazendo de um deles o ângulo de onde se pudesse interrogar o outro. Assim, a emergência epidêmica – o papel nela desempenhado pelas instituições – foi questionada a partir de um lema de origem incerta, mas muito antiga, que se refere à instituição da vida. A ideia de que, após uma fase de trágica contração da existência, a vida deve abrir um novo ciclo é válida hoje como em todos os tempos. A partir desse ponto de vista, passado e presente, por mais que historicamente distantes, parecem singularmente contemporâneos. E podem, portanto, iluminar-se reciprocamente. A história da instituição constitui um testemunho exemplar disso. Há uma conexão profunda entre a interpretação fechada e defensiva que muitas vezes ainda conota o conceito e sua origem medieval, expressa particularmente pelo direito canônico. Em contraste com a prática jurídica romana, ele subordina a instituição a uma ordem natural imposta pela vontade divina.

Uma concepção centralista e conservadora que continuou a caracterizá-la também após a secularização moderna, através de um paradigma de ordem que de Hobbes chegou a Weber e o ultrapassou. Essa interpretação reducionista marcou o debate filosófico-político nos anos 1960, dividindo-o em uma contraposição nítida entre instituições e movimentos, cujas consequências sofremos ainda hoje. Apenas recentemente um novo espaço de pesquisa foi aberto por um pensamento que pôde se dizer "instituinte". Antecipado por algumas vertentes pouco frequentadas da cultura do século XX – certa sociologia francesa, a antropologia filosófica alemã e o institucionalismo jurídico italiano –, ele mudou o acento da ordem instituída para a práxis do instituir. Nesse sentido, o Estado – por muito tempo considerado o centro de gravidade institucional por definição – torna-se uma instituição entre outras, desafiado por elas em todas as áreas.

Em comparação com o direito positivo, construído em torno do dispositivo da pessoa jurídica, a dinâmica institucional tomou outros rumos, diagonais às dicotomias modernas entre público e privado, indivíduo e sociedade, conservação e inovação. A práxis instituinte reinterpreta de forma inédita a relação entre continuidade e descontinuidade, abandonando tanto o historicismo progressista como a tradição revolucionária da criação *ex nihilo*: nada surge do nada, mas toda instituição também pode mudar radicalmente o contexto em que se inscreve e os sujeitos que a ativam. Em vez de precederem a práxis instituinte, podemos dizer que eles tomam forma e se desenvolvem dentro dela.

Afinal, o que é proposto no plano da teoria já é amplamente antecipado na realidade histórica a partir da proliferação de dispositivos institucionais externos, e às vezes alternativos, à ordem estatal. Da economia ao direito, e deste à política, o ordenamento centrado em torno dos Estados-nação entra em uma dialética conflituosa com outras instituições, públicas e privadas, globais e locais. De resto, longe de ser neutralizado, o conflito político está localizado no coração da práxis instituinte de uma forma que não é possível imaginar um retorno ao antigo concerto dos Estados-nação. Nem mesmo a pandemia atual, que também ameaça produzir novos confinamentos, será capaz, a longo prazo, de interromper esse processo de universalização; como, além disso, tanto a difusão mundial do vírus como a convergência das respostas a ele a partir da pesquisa da vacina, atestam claramente.

A verdade é que entramos em uma dimensão biopolítica irredutível ao paradigma soberano. Os sinais de sua difusão – a centralidade crescente atribuída aos corpos viventes, a classificação dos segmentos da população com base na idade, no gênero, nas condições de saúde, e a implicação, cada vez mais próxima, entre política e medicina – seguem todos nessa direção, cheia de oportunidades e, ao mesmo tempo, de riscos. Também a partir dessa direção, ao lado e por meio das escolhas individuais, a função das instituições assumirá uma importância decisiva na sociedade por vir. Desde que saibam se direcionar afirmativamente à vida, amarrando a conexão entre instituições e movimentos que parecia interrompido. Se apenas institucionalizando-se os movimentos ganham força e duração, somente mobilizando-se as instituições podem reencontrar potência criativa. Volta ao primeiro plano a exigência de instituir a vida, no duplo sentido de vitalizar as instituições e de devolver à vida os traços instituintes que a empurram para além da mera matéria biológica.

Agosto de 2020.

Referências

ADORNO, Theodor W.; GEHLEN, Arnold. Ist die Soziologie eine Wissenschaft vom Menschen? Ein Streitgespräch [1965]. *In*: GRENZ, Friedemann. *Adornos Philosophie in Grundbegriffen. Auflösung einiger Deutungsprobleme.* Frankfurt a.M.: Suhrkamp, 1974. p. 224-251. [Trad. it.: La sociologia è una scienza dell'uomo? Una disputa. *In*: ADORNO, Theodor W.; CANETTI, Elias; GEHLEN, Arnold. *Desiderio di vita: conversazioni sulle metamorfosi dell'umano.* A cura di Ubaldo Fadini. Milano-Udine: Mimesis, 1995. p. 83-107.]

ALMOND, Gabriel A. The Return to the State. *The American Political Science Review*, v. 82, n. 3, p. 853-874, 1988.

AMATO, Giuliano; GALLI DELLA LOGGIA, Ernesto. *Europa perduta?* Bologna: Il Mulino, 2014.

AMENDOLA, Adalgiso. Autopoiesi del sistema e autonomia dell'eccedenza. *In*: CHIGNOLA, Sandro (org.). *Il diritto del comune: crisi della sovranità, proprietà e nuovi poteri costituenti.* Verona: Ombre Corte, 2012. p. 66-97.

ARENDT, Hannah. *On Revolution.* New York: Viking, 1963. [Trad. it.: *Sulla rivoluzione.* Milano: Comunità, 1983. p. 98.]

ARENDT, Hannah. *The Human Condition.* Chicago, Ill.: The University of Chicago Press, 1958. [Trad. it.: *Vita activa.* Milano: Bompiani, 1964.]

ARENDT, Hannah. Understanding and Politics. *Partisan Review*, v. 20, n. 4, p. 377-392, 1953. [Trad. it.: Comprensione e politica. *In*: *La disobbedienza civile e altri saggi*. Milano: Giuffrè.]

BALIBAR, Étienne. *L'Europe, l'Amérique, la guerre*. Paris: La Découverte, 2003. [Trad. it.: *L'Europa, l'America, la guerra*. Roma: manifestolibri, 2003.]

BELVISI, Francesco. All'origine dell'idea di istituzione: il concetto di «persona ficta» in Sinibaldo de' Fieschi. *Materiali Filosofici*, n. 1, p. 3-23, 1993.

CARON, Pier Giovanni. Il concetto di "institutio" nel diritto della Chiesa. *Il Diritto Ecclesiastico*, parte I, p. 328-367, 1959.

CASTORIADIS, Cornelius. *L'Institution imaginaire de la société*. Paris: Seuil, 1975. [Trad. it.: *L'istituzione immaginaria della società*. A cura di P. Barcellona e Fabio Ciaramelli. Torino: Bollati Boringhieri, 1995.]

CHIGNOLA, Sandro (org.). *Il diritto del comune: crisi della sovranità, proprietà e nuovi poteri costituenti*. Verona: Ombre Corte, 2012.

CROCE, Mariano. *Che cos'è un'istituzione*. Roma: Carocci, 2010.

DARDOT, Pierre; LAVAL, Christian. *Commun: essai sur la révolution du XXIe siècle*. Paris: La Découverte, 2014. [Trad. it.: *Del Comune, o della Rivoluzione nel XXI secolo*. Prefazione di S. Rodotà. Postfazione di A. Ciervo, L. Coccoli e F. Zoppino. Roma: DeriveApprodi, 2015.

DELEUZE, Gilles. *Instincts et institutions*. Paris: Hachette, 1955. [Trad. it.: *Istinti e istituzioni*. A cura di Ubaldo Fadini e Katia Rossi. Milano: Mimesis Eterotopia, 2002.]

DI CESARE, Donatella. Poscritto anarchico. *In*: *Sulla vocazione politica della filosofia*. Torino: Bollati Boringhieri, 2018.

DI PIERRO, Mattia. *L'"esperienza del mondo": Claude Lefort e la fenomenologia del politico*. Pisa: Ets, 2020.

EHRLICH, Eugen. *Grundlegung der Soziologie des Rechts*. Berlim: Duncker & Humblot, 1913. [Trad. it.: *I fondamenti della sociologia del diritto*. A cura di Alberto Febbrajo. Milano: Giuffrè, 1976.]

ESPOSITO, Roberto. *Due: la macchina della teologia politica e il posto del pensiero*. Torino: Einaudi, 2016.

ESPOSITO, Roberto. *Pensiero istituente: tre paradigmi di ontologia politica*. Torino: Einaudi, 2020.

ESPOSITO, Roberto. *Politica e negazione: per una filosofia affermativa*. Torino: Einaudi, 2018.

ESPOSITO, Roberto. *Terza persona: politica della vita e filosofia dell'impersonale*. Torino: Einaudi, 2007.

FERRARESE, Maria Rosaria. *Le istituzioni della globalizzazione*. Bologna: Il Mulino, 2000.

FORTI, Simona. *Hannah Arendt tra filosofia e politica*. Milano: Bruno Mondadori, 2006.

FOUCAULT, Michel. *La Volonté de savoir*. Paris: Gallimard, 1976. [Trad. it.: *La volontà di sapere*. Milano: Feltrinelli, 1978.]

FOUCAULT, Michel. *Les mots et les choses: une archéologie des sciences humaines*. Paris: Gallimard, 1966. [Trad. it.: *Le parole e le cose: un'archeologia delle scienze umane*. Milano: Rizzoli, 1998.]

FULCO, Rita. *Soggettività e potere: ontologia della vulnerabilità in Simone Weil*. Macerata: Quodlibet, 2020.

GALLI, Carlo. *Sovranità*. Bologna: Il Mulino, 2019.

GEHLEN, Arnold. *Der Mensch, seine Natur und seine Stellung in der Welt* [1940]. Wiebelsheim: Aula, 2003. [Trad. it.: *L'uomo: la sua natura e il suo posto nel mondo*. Milano: Feltrinelli, 1983.]

GEHLEN, Arnold. *Urmensch und Spätkultur. Philosophische Ergebnisse und Aussagen* [1956]. Frankfurt a.M.: Klostermann, 2004. [Trad. it.: *L'uomo delle origini e la tarda cultura: tesi e risultati filosofici*. A cura di Vallori Rasini. Milano-Udine: Mimesis, 2016.]

GIOVANNI, Biagio de. *L'ambigua Potenza dell'Europa*. Napoli: Guida, 2002.

GUÉRY, Alain. Institution: histoire d'une notion et de ses utilisations dans l'histoire avant les institutionnalismes. *Cahiers d'Économie Politique*, n. 1, p. 7-18, 2003.

HAURIOU, Maurice. La Théorie de l'institution et de la fondation. *Cahiers de la Nouvelle Journée*. [Trad. it.: *La teoria dell'istituzione e della fondazione (Saggio di vitalismo sociale)*. A cura di Andrea Salvatore. Macerata: Quodlibet, 2019.]

MAUSS, Marcel; FAUCONNET, Paul. Sociologie. *In*: *Grande Encyclopédie*. Paris: [s.n.], 1901. v. XXX. p. 165-175.

LA TORRE, Massimo. *Norme, istituzioni, valori: la teoria istituzionalistica del diritto*. Roma-Bari: Laterza, 2002.

LEFORT, Claude. *Le Travail de l'œuvre Machiavel*. Paris: Gallimard, 1972.

LEFORT, Claude. Sur la démocratie: le politique et l'institution du social. *Textures*, n. 2-3, p. 7-78, 1971.

LEGENDRE, Pierre. *De la Société comme Texte: lineaments d'une Anthropologie dogmatique*. Paris: Fayard, 2001. [Trad. it.: *Della società come testo: lineamenti di un'Antropologia dogmatica*. A cura di P. Heritier. Torino: Giappichelli, 2005.]

LEGENDRE, Pierre. *Dogma: instituer l'animal humain. Chemins réitérés de questionnement*. Paris: Fayard, 2017.

LEGENDRE, Pierre. *Sur la question dogmatique en Occident*. Paris: Fayard, 1999-2006. 2 v.

LEGENDRE, Pierre. *Sur la question dogmatique en Occident: aspects théoriques*. Paris: Fayard, 1999. [Trad. it.: *Il giurista artista della ragione*. A cura di Luisa Avitabile. Torino: Giappichelli, 2000.]

MACCORMICK, Neil; WEINBERGER, Ota. *An Institutional Theory of Law: New Approaches to Legal Positivism*. Dordrecht: Reidel, 1986. [Trad. it.: *Il diritto come istituzione*. Milano: Giuffrè, 1990.]

MARCH, James G.; OLSEN, Johan P. *Redescovering Institutions: The Organizational Basis of Politics*. New York: The

Free Press, 1989. [Trad. it.: *Riscoprire le istituzioni: le basi organizzative della politica*. Bologna, Il Mulino, 1992.]

MAUSS, Marcel; HUBERT, Henri. Esquisse d'une théorie générale de la magie. *Année Sociologique*, 1902- 1903. [Trad. it. em: MAUSS, Marcel. *Teoria generale della magia*. Torino: Einaudi, p. 13.]

MERLEAU-PONTY, Maurice. L'"Institution" dans l'histoire personnelle et publique. *In*: *Résumé de cours (Collège de France)* [1952-1960]. Paris: Gallimard, 1969.

MEZZADRA, Sandro; NEILSON, Brett. *The Politics of Operations: Excavating Contemporary Capitalism*. Durham, N.C.: Duke University Press, 2019.

NAPOLI, Paolo. Ritorno a "instituere": per una concezione materialistica dell'istituzione. *In*: BRANCACCIO, Francesco; GIORGI, Chiara (org.). *Ai confini del diritto: poteri, istituzioni e soggettività*. Roma: DeriveApprodi, 2017. p. 77-88.

NORTH, Douglass C. *Institutions, Institutional Change and Economic Performance*. Cambridge: Cambridge University Press, 1990. [Trad. it.: *Istituzioni, cambiamento istituzionale, evoluzione dell'economia*. Bologna, Il Mulino, 1994.]

PETRINI, Enrica Lisciani. Fuori dalla persona. L'"impersonale" in Merleau-Ponty, Bergson, Deleuze. *Filosofia Politica*, n. 3, p. 393-409, 2007.

PETRINI, Enrica Lisciani. Merleau-Ponty: Potenza dell'istituzione. *Discipline Filosofiche*. n. 2, p. 71-98, 2019.

RECALCATI, Massimo. Il campo istituzionale tra legge e desiderio: abbozzo per una teoria clinica dell'istituzione. *Almanacco di Filosofia e Politica*, n. 2, p. 35-51, 2020.

RESTA, Eligio. *Diritto vivente*. Roma-Bari: Laterza, 2008.

RICŒUR, Paul. Le Conflit: signe de contradiction ou d'unité. *In*: *Contradictions et conflits: naissance d'une societé*. Lyon: Chronique Sociale de France, 1971. [Trad. it.: Il conflitto: segno di contraddizione o di unità?. A cura di Matteo Pagan. *Almanacco di Filosofia e Politica*, n. 2, p. 259-277, 2020.]

RICŒUR, Paul. Le Problème du fondement de la morale. *Sapienza. Rivista di Filosofia e di Teologia*, n. 3, p. 313-337, 1975.

ROMANO, Santi. *L'ordinamento giuridico* [1917-1918]. A cura di Mariano Croce. Macerata: Quodlibet, 2019.

ROMANO, Santi. *Lo Stato moderno e la sua crisi* [1909]. Milano: Giuffrè, 1967.

SCHIAVONE, Aldo. *Eguaglianza: una nuova visione sul filo della storia*. Torino, Einaudi, 2019.

SCHIAVONE, Aldo. *Ius. L'invenzione del diritto in Occidente*. Torino: Einaudi, 2005.

SFORZA, Widar Cesarini. *Il diritto dei privati* [1929]. A cura e con un saggio di Michele Spanò. Macerata: Quodlibet, 2018.

STOPPA, Francesco. *Istituire la vita: come riconsegnare le istituzioni alla comunità*, Milano: Vita e Pensiero, 2014.

TARIZZO, Davide. *La vita: un'invenzione recente*. Roma; Bari: Laterza, 2010.

TEUBNER, Gunther. *Giustizia autosovversiva: formula di contingenza o di trascendenza del diritto?*. A cura di Annamaria Rufino e A. Zotti. Napoli: La Città del Sole, 2008.

TEUBNER, Gunther. Istituzioni in frammenti: il costituzionalismo sociale al di là dello Stato-nazione. *In*: CHIGNOLA Sandro (org.). *Il diritto del comune: crisi della sovranità, proprietà e nuovi poteri costituenti*. Verona: Ombre Corte, 2012. p. 15-33.

THOMAS, Yan, *Les Opérations du droit*. Organisé par Marie-Angèle Hermitte et Paolo Napoli. Paris: EHESS; Gallimard; Seuil, 2011.

TRONTI, Mario. *Dello spirito libero: frammenti di vita e di pensiero*. Milano: il Saggiatore, 2015.

WORMS, Frédéric. *Pour un humanisme vital: lettres sur la vie, la mort et le moment présent*. Paris: Odile Jacob, 2019.

Este livro foi composto com tipografia Bembo e impresso

em papel Off-White 80 g/m² na Formato Artes Gráficas.